大展好書 好書大展

大展好書 好書大展

武術特輯
21

太極拳論譚

沈　壽/著

大展出版社有限公司
印行

序

四歲時即開始習武，以後又從太極拳名家傅鐘文先生習練楊式太極拳的當代著名武術家沈壽先生，是一個博學慎思、勤於筆耕，在學術上頗有建樹的人。幾十年來，他在全國各種刊物上發表的文章總計不下百篇，而出版的各種武術、氣功著作亦有五種之多。

沈壽先生的文章，不僅在國內學術界有較大影響，有的還曾在國際上引起過轟動；其著作，也很受讀者的歡迎，有的還被出版單位作為精品書再版。

若干年前，當沈壽先生把他的《導引養生圖說》書稿交給我時，曾說由於年事已高，這部書稿很可能成為他的最後一部書稿。而我卻始終以為，不到實在不能動筆時為止，他的「車」怕是煞不住的。終於，今年初，沈壽先生又將他的兩部書稿——《太極拳走架推手問答》和這部《太極拳論譚》交給了我，使我成為有幸拜讀這兩部書稿的第一人。

從本世紀八十年代開始一直到《太極拳論譚》定稿之前，沈壽先生在國內十餘種體育刊物上，曾發表過大量關於太極拳的論文和隨筆；後來，他在決定把這些文章編輯成書後，又根據內容的需要補寫了一些文章——這些便是他交給我的全部《太極拳論譚》的文稿。

在當代武術界，特別是在習練太極拳的人們當中，沈壽先生以其在太極拳習練上的極深造詣和在學術上的突出貢獻而享有很高的威望。若以武術運動，特別是太極拳運動發展的歷史來看，沈壽先生更是一位值得重視的人物。

因為，沈壽先生從事太極拳學習、教學和研究的年代正是太極拳運動由舊到新發生了很大變化的年代——過去，人們習練太極拳主要是為了技擊，而現在主要是為了強身健體；過去，太極拳推手只為人們切磋技藝、提高技擊水平的重要手段，而現在，太極拳推手成了國內武術競技中的正式比賽項目……在這個由舊到新的變化中，沈壽先生無疑是個承上啟下的人物——對於傳統的東西，他曾下了很大功夫學習過；對於新出現的各種變化，他也曾下了很大功夫進行過研究；對於如何批判地繼承我國太極拳這一優秀的文化遺產，如何使太極拳術更好地為人民造福，沈壽先生都發表了很好的意見，由於這些意見均出自沈壽先生這樣的著名拳家之手，所以特別值得引起人們的重視。

沈壽先生學識淵博，所以，他的文章、他的書都很有看頭。這一點，當讀者讀完《太極拳論譚》和《太極拳走架推手問答》這兩本書之後，自會有所體會。

《太極拳論譚》是一本好書，我願以第一讀者的名義，把這本書推薦給廣大太極拳愛好者。

李建章

目錄

第五章　太極拳訣選（六首）

第六章　太極拳推手漫談

第七章　太極拳推手歌訣選（七首）

第八章　內家拳法訣（五篇）

第一章

太極拳古典拳論淺釋

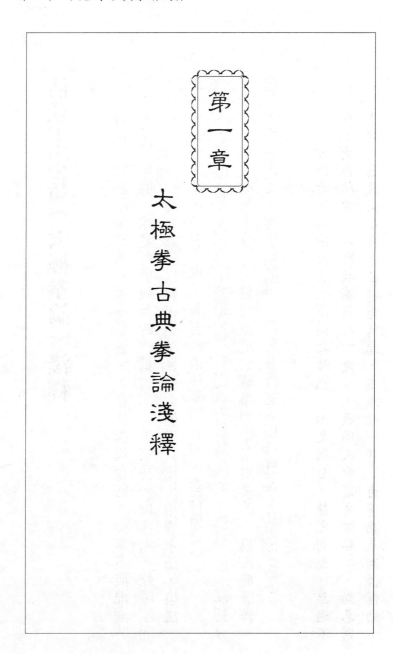

清代王宗岳《太極拳論》淺釋

清代王宗岳所撰寫的《太極拳論》，在我國現存的太極拳古典理論著作中，是最早的，也是評價最高的一篇論文。王宗岳，山西人，乾隆年間（一七三六～一七九五）以教書爲業。平素酷愛武術，精通拳法、槍法，悉心研練數十年，頗有心得，著有《太極拳譜》和《陰符槍譜》。《太極拳論》則是《太極拳譜》一書中最精湛的一篇論文，直到今天，它仍被太極拳各學派一致公認爲太極拳學中最重要的一篇經典著作。它對太極拳走架、推手和散手，都有著普遍的指導意義。其原文爲：

太極者，無極而生，陰陽之母也。動之則分，靜之則合。無過不及，隨曲就伸。人剛我柔謂之「走」，我順人背謂之「粘」。動急則急應，動緩則緩隨。雖變化萬端，而理唯一貫。由著熟而漸悟懂勁，由懂勁而階及神明。然非用力之久，不能豁然貫通焉！

虛領頂勁，氣沈丹田。不偏不倚，忽隱忽現。左重則左虛，右重則右杳。仰之則彌高，俯之則彌深。進之則愈長，退之則愈促。一羽不能加，蠅蟲不能落。人不知我，我獨知人。英雄所向無敵，蓋皆由此而及也。

斯技旁門甚多，雖勢有區別，概不外壯欺弱、慢讓快耳！有力打無力，手慢讓手快，是皆先天自然之能，非關學力而有爲也！察「四兩撥千斤」之句，顯非力勝；觀耄耋能御衆之形，快何能爲?!

立如平準，活似車輪。偏沈則隨，雙重則滯。每見數年純功，不能運化者，率皆自爲人制，雙重之病未悟耳！

欲避此病，須知陰陽。粘即是走，走即是粘；陽不離陰，陰不離陽；陰陽相濟，方爲懂勁。懂勁後，愈練愈精，默識揣摩，漸至從心所欲。

本是「捨己從人」，多誤「捨近求遠」。所謂「差之毫釐，謬以千里」。學者不可不詳辨焉！是爲論。

現據以上原文，逐句淺釋如下：

［原文］太極者，無極而生，陰陽之母也。

［淺釋］此句為太極拳命名的由來。「太極」一詞，最早見於《易經．系辭》：「易有太極，是生兩儀。」唐．孔穎達（五七四～六四八）註：「太極，謂天地未分之前，元氣混而為一，即太初、太乙也。」兩儀，即天地，天地即陰陽。所以，說太極是「陰陽之母」。這裡包含了古代樸素的辯證法，也是「天下萬物皆可分陰分陽」之義存焉！但「無極而生」句，顯然與《老子》「有生於無」的命題是一致的，是一種客觀唯心主義的宇宙生成觀。但古人以「太極」作為拳藝套路的命名，著重點就在於把陰陽對立統一的辯證法，具體地應用到拳術領域中去，同時也運用「取象於天」的一些形象化譬喻，來為武術教學服務，如此而已。

至於《太極拳論》開篇這一句話的來源，當是根據宋代理學家周敦頤（一〇一七～一〇七三）在《太極圖說》中所說的「陰陽——太極也，太極本無極也」，「無極而太極」等語。

總之，陰陽統一於太極是對的，而「無極而太極」（義同「太極者，無極而生」，也即道家「有生於無」的思想）則是唯心的。

〔原文〕動之則分，靜之則合。

〔淺釋〕古老太極拳的「取象於天」，不僅僅是指用動作走弧線、勁路剛柔相濟來與「太極圖」相合。若從整體來說，首先是把打拳者的人體比作「太極」，身體一動就分陰分陽，這就不限於動作方圓和勁路剛柔了，而是包括了拳術實踐中可能出現的各種矛盾現象。

至於動分靜合，也有廣狹之別，例如：打拳爲動，收拳爲靜。舊稱「收勢」爲「合太極」，即取「靜之則合」之義。再如：打拳雖屬「動」，但「動」中更有動分靜合，這個運動中的「靜」，與收勢後或起勢前的靜態，自然是有所不同的了。《太極圖說》云：「太極動而生陽，動極而靜，靜而生陰，靜極復動。一動一靜，互爲其根；分陰分陽，兩儀立焉！」這段話正是《太極拳論》所含哲理的依據。

〔原文〕無過不及，隨曲就伸。

〔淺釋〕不論走架或推手，動作和勁力都不可過分或不及，過猶不及。兩者都是「毛病」。所以，初學太極拳要講究姿勢正確，動作合度，勁路適當。學習推手，更須力避「頂抗匾丟」四病，而要切實遵循「沾粘連隨」四要。「頂、抗」就是太過，「匾、丟」就是不及。走架時上下要相隨，虛實要分明，運臂邁步都要曲伸相繼，而變轉虛實尤不可出現遲重的現象。至於推手，更應「息心體認，隨人所動，隨曲就伸，不丟不頂，勿自伸縮。」（見李亦畬《五字訣》）也即「捨己從人」，做到「沾粘連隨」，以對方的曲伸為曲伸。反之，如不能做到這一點，那不是太過，便是不及了。

〔原文〕人剛我柔謂之「走」，我順人背謂之「粘」。

〔淺釋〕對方用剛勁打來，我以柔勁引化，這在術語上就叫做「走」，後人也稱之為「走化」。當我順勢地粘隨，暗暗地迫使對方陷入背境時，這在術語上就叫做「粘」，後人也稱之爲「粘逼」或「粘隨」。粘，含有如膠似漆地粘住物體的意思，但就「粘走相生、剛柔相濟」而言，粘是相對從屬於以剛制柔的一種方法。同時，走和粘是一個循環。

一般地說，前者是以柔克剛，通過走而引化，使敵力失效，並使自己轉逆爲順，從而出現敵背我順的新形勢；後者是以剛制柔，即通過順勢粘隨進逼，爲發勁創造條件，一旦「得實」，即可發放，這也是打太極拳的人所常說的「以柔爲主，剛柔相濟」的內容之一。

而太極推手「沾、連、粘、隨」四要，歸結起來，也正是這「走、粘」二字了，學者通過親身實踐，悉心體認，就能領會太極拳前輩在教授推手時，分外強調這「走、粘」二字，是大有道理的。

［原文］動急則急應，動緩則緩隨。

［淺釋］不論推手、散手，都以對方動作的緩急爲緩急，即對方動得快，我也應得快；對方動得慢，我也以慢相隨。這就是所謂「捨己從人」和「因敵變化示神奇」。由此證明，太極拳法並不是只要慢、不要快的。

而這種隨對方動作速率的變化而變化，離不開粘勁的具體運用。《拳法·剛柔篇》所說的「克敵制勝，全在用粘」，即與此意相合，若以武術古典理論來說，早在明代嘉靖年間（一五二二～一五六六）俞大猷就在《劍經》中提到了「粘」字。用「粘」必須熟習柔化。

因此，《拳法·剛柔篇》又說：「不諳柔化，何來用粘？」為了練出粘勁，達到粘走相生，緩急相隨，借以克敵制勝，後世的太極拳法，不但強調放鬆訓練，要求「慢中求功」，而且創造了「聽勁」、「問勁」、「答勁」等等一系列練習感知敏銳的方法。但這些太極功夫，都不是一日之功所能造就的，必須是日積月累，積功而成的。

［原文］雖變化萬端，而理唯一貫。

［淺釋］古人說：「法有萬端，理存於一。」聯繫到太極拳法，說明方法變化雖多，但從理論上是可以通過分析加以綜合歸納的。

《太極拳論》把上面所說的一些最基本的要求作為綱要提出來，認為不管太極拳法如何在應用中千變萬化，而其動分靜合、無過不及、隨曲就伸、走粘相望、緩急相隨等基本原理卻是一貫的。而這靜動、曲伸、走粘、緩急等對立統一的矛盾現象，又都可歸結爲「陰陽」二字，陰陽是統一於「太極」的，這就是所以把這種拳法稱之爲「太極拳」的緣由了。同時，這也就是上面淺釋中已談到的，把古代樸素辯證法應用於太極拳法中去了。

［原文］由著熟而漸悟懂勁，由懂勁而階及神明。

［淺釋］著熟，著法熟練。懂勁，懂得勁的規律。神明，神妙而高明。俗話說：「熟能生巧」。所以，學習太極拳法也必須從熟練開始，一旦做到著法精熟，也就漸漸懂得了勁的變化規律。當然，這必須兼練走架和推手，光靠走架摸勁是不夠的。反之，只推手不走架，則推手懂勁的根莖也同樣是深不了的。大凡武術訓練，其初級階段，一般都是要求熟習著法，謹守規矩；而達到高級階段，也就是經過精熟和懂勁的道路，能夠隨機因敵變化，已形成條件反射，而能不拘守於一著一式的成法，這時就達到神而明之的階段了。

什麼叫「神明」?《孫子兵法．虛實篇》說:「故兵無常勢，水無常形，能因敵變化而取勝者，謂之『神』。」拳、兵同源，理無二致。戚繼光《拳經、捷要篇》說:「遇敵制勝，變化無窮，微妙莫測，窈焉冥焉，人不得而窺者謂之『神』。」這就是拳諺所說的「拳打不知」了。但要達到上述神而明之的程度，必須從「守規矩」入手，而漸至「變化無方，心手兩忘」。達到這種程度，說明這時已邁入既守規矩而又能「脫規矩」的出神入化境界了。

當然，檢驗的唯一標準仍在於能否克敵制勝，否則豈不都成了空話、大話?!「脫規矩」一語，與古人所說的「忘法」之含義略同，如:明代莊元臣《叔苴子》說:「教劍者有法，及其能劍，忘其法並忘其劍矣!」又說:「未忘法而用劍者，臨戰鬥而死於劍。」這說明「未忘法」是死守常法而不會因敵隨機變化。

在太極拳教學方面，歷代太極拳名家大都本著《太極拳論》所提出的這兩個訓練階段來進行教學。然而古今能「階及神明」的人，畢竟是比較少的。其原因是多方面的，因爲人們鍛鍊的近期目的不盡相同。而今接受正規的嚴格的太極對抗性競技訓練的運動員，若與參加打太極拳的人數相比，那也是微乎其微的。這就有待於太極推手競賽的健康而蓬勃地發展了。

〔原文〕然非用力之久，不能豁然貫通焉！

〔淺釋〕用力，指用功。今人俗話也有稱「用功」爲「花功夫」或「用力氣」的。但功夫是依靠積累的，一曝十寒，乃積功之大忌。豁然貫通，含有「頓悟」的意思。乍一看，彷彿頓悟是偶然的。但若聯繫到積功既久，那就說明有必然的基礎，而絕不是「空中樓閣」高不可攀的。

但有一點是必須承認的：練太極拳法成熟的過程，在時間上是遠比外功拳爲長的。所以《十三勢行功歌》說：「得來不覺費工夫。」因此，同樣的「三年小成，十年大成」，練太極拳的人就非加倍用功不可，而且還必須是能得其要領的，反之，不得要領，那就「功成終淺了。」

〔原文〕虛領頂勁，氣沈丹田。

〔淺釋〕「虛領頂勁」已成爲楊澄甫（一八八三～一九三六）《太極拳說十要》一文中第一要，但他把「領」字易爲「靈」字，含義是頭向上頂起時，要虛靈自然。他說：「頂勁者，頭容正直，神貫於頂也。不可用力，用力則項強，氣血不能流通，須有虛靈自然之意。非有虛靈頂勁，則精神不能提起也。」而依王宗岳原有文字釋義的，則有解「虛領」爲「虛虛領起」之義者。如顧留馨先生《太極拳術》說：「虛領頂勁意爲頭頂要輕輕往上頂著，便於中樞神經安靜地提起精神來指揮動作。」愚意則認爲：「領」的本義是以「衣領」借喻爲人的頸項部位，全句的原意當是「指頸部的肌筋要放鬆，頭部要正直而自然地向上頂起」。但若從闡發《太極拳論》精義而言，以上三種註釋是一致的，並無矛盾之處。

《十三勢行功歌》說：「滿身輕利頂頭懸」，也是指「虛領頂勁」來說的。「氣沈丹田」則是指採用腹式呼吸，使氣息不致上浮。這必須有一個較長的鍛鍊過程方能眞正做到。《太極拳說十要》說：「氣沈丹田，自無血脈僨張之弊。」但《太極拳論》中爲什麼要把上面這兩句話放在一起呢？因爲虛領頂勁則神氣貫頂，如是才能心淸、目明、氣順遂；氣沈丹田則氣能下行，如是才能氣固、身穩、勁不浮。

所以，上則虛領頂勁，下則氣沈丹田，這兩者旣有內在聯繫，又都是初學者所必須努力去做的。它不僅關係到練拳者的儀表，而且涉及心情、眼法、氣法等諸方面，這無疑是不可等閒視之的。

〔原文〕不偏不倚，忽隱忽現。

〔淺釋〕身體不可歪斜搖擺，前俯後仰。勁路的虛實要忽而隱藏，忽而顯現，做到變幻不定，使對方吃不準我的勁路變化，猜不透我的心思，找不出我的破綻。總而言之，其目的是令人莫測高深。這樣，在心理上占了優勢，自然有助於奪取勝利。

「不偏不倚」是以個人重心在底盤中所處的位置來衡量的——但不是絕對地始終把重心放在正中，否則就變成靜功站樁了。所以，旣要做到不偏不倚，又要注意不可「過正」，過猶不及也。

〔原文〕左重則左虛，右重則右杳。

〔淺釋〕與人對手時，我左側的肢體如微感重意，就立即將左側的這一部分肢體變虛；我右側的肢體如微感重意，也立即把右邊的勁隱去，使對方無法「得實」而攻。杳（音ㄇㄧㄠˇ），無影無蹤，深遠貌。我們知道，發放必須得著對方的實處，如得不著對方的實處，那就難以得力、得效。因此，凡對方企圖得實，我自當相應地把對方與我相接部位變虛變柔，使人感到像把勁力落到棉花上一樣而無法得力。這裡主要依靠肢體觸覺等感知的靈敏度，來作出迅速和精確的反應，使對方感到難以捉摸。

例如：對方好像能按到我的實處了，但眞正按來時，實處不早不遲地已經變虛，這「實勁」彷彿已杳如黃鶴了。而李亦畬（一八三二～一八九二）《五字訣》說：「左重則左虛，而右已去；右重則右虛，而左已去。」此話既本於《太極拳論》，又增添了以腰爲軸、借力反攻的含義。這就在大體上相當於外功拳術所常說的「左避右趨」與「右避左趨」了。當然，在趨避的具體方法上，依然是各有特點的。

〔原文〕仰之則彌高，俯之則彌深。

〔淺釋〕對方仰攻，我就升高，使他深感高不可攀；對方俯襲，我就落低，使他頓覺深不可測。「彌」（音ㄇㄧˊ），更加的意思。與下文「愈」字義同。

〔原文〕進之則愈長，退之則愈促。

〔淺釋〕對方進身，我就引之向後，使他感到越是向前，形勢越加深長而終不可及；對方退身，我就乘勢進逼，使他覺得越是後退，形勢越加局促而陷入困境。「愈」（音「喻」ㄩˋ），越、更加。今人作文以用「越」字者爲多。

〔原文〕一羽不能加，蠅蟲不能落。

〔淺釋〕衡量敵勁輕重的準確性，不可有一根羽毛分量的誤差；感覺敏銳的程度，要使蒼蠅、蚊蟲都落不到我的身上。這話自然只是用來形容觸覺等感知能力的極度敏銳罷了，無疑是帶有文學誇張的色彩。

太極推手的實踐證明，各人的感知能力在經過推手訓練後，與常人的差異明顯加大，即使是同學之間，由於鍛鍊有是否勤苦、是否得法等差別，特別是對「聽勁」所下功夫有深有淺，所以各人感知能力的強弱亦有不同。感知能力較差的人，在推手中往往受人制而難以制人——這時就會深切地體會到「棋高一著，縛手縛腳」了。

［原文］人不知我，我獨知人，英雄所向無敵，蓋皆由此而及也。

［淺釋］上文在「忽隱忽現」一語之後，緊接著是分別從左右、高低、進退等不同角度，去論證如何使對方感到幽遠難及，高深莫測。如是，即使他有很大的力氣，也無從發揮其應有的作用了。套句土話就叫「摸得著，看得見，打不著」。進而文章強調了感知能力和量敵精確的重要意義。

總之，就是要使對方難知我的動向，而我獨能對他的情況了如指掌。

《孫子兵法・謀攻篇》說：「知彼知己者，百戰不殆；不知彼而知己，一勝一負；不知彼，不知己，每戰必殆。」殆（音ㄉㄞˋ），危險、失敗。「知彼知己者，百戰不殆」，能達到這種地步方能夠做到所向無敵。

［原文］斯技旁門甚多，雖勢有區別，概不外壯欺弱、慢讓快耳！

［淺釋］這種拳技的其他流派很多，雖然拳架姿勢、動作有所不同，但大體上都不外乎強壯的打敗體弱的，手腳慢的輸給手腳快的。「概不外……」句，一作「概不外乎……」，後人潤改所致。

［原文］有力打無力，手慢讓手快，是皆先天自然之能，非關學力而有力也！

［淺釋］有力氣的人打敗沒力氣的人，手腳慢的輸給手腳快的人，這些僅僅是反映著人們的天賦自然的本能，而不是由於在學練拳法這一門學問上所下功夫的深淺而有所作爲的啊！

［原文］察「四兩撥千斤」之句，顯非力勝；觀耄耋能御衆之形，快何能爲?!

［淺釋］仔細分析「四兩撥千斤」這句拳諺，顯然不是主張以強力去勝人的；請看那七八十歲的老年人能抵禦衆人的情形，那單純的依靠快速，又有什麼作用呢?!「耄耋（音「冒」ㄇㄠˋ、「蝶」ㄉㄧㄝˊ），八十曰耄，七十曰耋。太極拳並非只要慢不要快，這在前面已經談到了。俗話說，「快了不如巧了」。巧，技巧。說明技巧往往是有決定意義的，而快慢是要據情而定的。至於用力問題，就「四兩撥千斤」來說，主要也還是突出了一個技巧問題。人們常說：「太極拳法乃技巧之學。」因而在這裡也關涉到對「先天自然之力」的改造問題，用太極拳的術語來說，就叫做「換勁」。通過「換勁」逐漸練出和積累「太極內勁」。所謂「太極內勁」，也不是神秘的東西，僅僅是在剛柔、大小以及動力定型等諸方面符合太極拳法的特定要求而已。

楊澄甫《太極拳之練習談》說：「太極拳，乃柔中寓剛、棉裡藏針之藝術。」這就說明了被稱爲「太極內勁」的這種勁力的特性。但這決不是說，打太極拳的人力氣越小就越能在推手競賽中取勝或奪取冠軍。這都是因爲把太極拳術語混同一般口語來理解而產生了誤會。

［原文］立如平準，活如車輪。

［淺釋］平，天平。準，準頭。郝和藏本中，「平」字作「枰」。枰，枰盤，仍借指天平。故「平」、「枰」二字不僅音同，而且在這裡義也可通。全句是說，立身要像天平那樣中正不偏，肢體靈活要像車輪那樣圓轉自如。

《太極平準腰頂解》說：「頂爲準頭，故曰『頂頭懸』也；兩手即左右之盤也，腰即根株也。立如平準，有平準在身，則所謂輕重浮沈，分釐絲毫，莫不顯然可辨矣！」這就是把人體比作天平，有天平的準頭在身，那麼就能精確地去稱人的分量了。

［原文］偏沈則隨，雙重則滯。

［淺釋］對方用勁，我相應地把自己的勁偏沈於一端，不與對方的實力相頂相抗。反之，如我也以重力相抵抗，那便形成了「雙重」的局面，這時勁路就發生重滯而停頓了。換句話說，偏沈爲得巧，雙重是拼力。得巧則勁路通暢，兩力相隨，大力打不著小力；拼力則勁路壅塞，兩力相抵，大力必勝小力。

［原文］每見數年純功，不能運化者，率皆自爲人制，雙重之病未悟耳！

［淺釋］偏沈相隨，而不予受力。採用這種措施，必須是自覺的，並通過長期鍛鍊實踐而獲得的。而雙重相抵或相爭，形成拼力現象，則是盲目的，不自覺的。很多人在理論上認識到了，而在實際做不到，說明並未眞正認識。每每見到下了多年苦功而仍不能運用柔化的人，大抵都是授人以柄，爲人所制的，這就是還沒有眞正覺悟到自己犯有「雙重」毛病的緣

故呀！

〔原文〕欲避此病，須知陰陽；粘卽是走，走卽是粘；陽不離陰，陰不離陽；陰陽相濟，方爲懂勁。

〔淺釋〕要避免犯雙重的毛病，必須弄通陰陽對立統一的辯證規律；粘就是走，走就是粘；陰離不開陽，陽也離不開陰；陰陽兩者能相反相成，相互輔助，這才算是懂得了勁的規律。

走和粘是一對矛盾，它們在一定條件下相互轉化，走向自己的反面，沒有「走」就沒有作爲矛盾對立面的「粘」。由於這兩者既是互寓的，又是隨時可以轉化的，所以說「粘即是走，走即是粘」。由於「孤陰不生；獨陽不長」，所以，兩者必須相濟。而這裡所說的「陰陽」，則是包括了太極拳運動中可能出現的剛柔、動靜、開合、虛實、輕沈、蓄發、呼吸、走粘等等各種形色的矛盾現象。而上文所說的「粘、走」，則只是太極拳法中較爲重要的一對矛盾。不懂粘、走，就談不上懂勁，當然也就難以自覺地去克服犯雙重的毛病了。但要達到懂勁的程度，顯然也要處理好其他有關的矛盾現象。一言以蔽之，要懂得太極拳的辯證法才行哩！「陽不離陰，陰不離陽」句，一作「陰不離陽，陽不離陰」，兩者義無不同。

［原文］懂勁後，愈練愈精，默識揣摩，漸至從心所欲。

［淺釋］懂得了勁的規律以後，拳藝就越練越精，再通過在實踐中反覆不斷地認識思考和揣摩研究，就能逐漸地達到隨意運用的地步了。

［原文］本是「捨己從人」，多誤「捨近求遠」。所謂「差之毫釐，謬以千里」。學者不可不詳辨焉！是爲論。

［淺釋］本來太極拳的技、戰術原則是「捨己從人」，許多人卻錯誤地「捨近求遠」了。這眞正是俗話所說的「差之毫釐，謬以千里」了。學拳的人不可不詳細辨析啊！所以特地作了以上的論述。「謬以千里」，一作「謬之千里」，義無不同。「捨己從人」、「捨近求遠」這兩句成語，

現在早已成了太極拳教學中的術語了。

「捨己從人」指隨人而動，粘則相隨，走則引化，粘走相生，與人周旋，隨機應變，伺機隨勢而定進退化發。這在化而不發的情況下，外形是被動的，但實質卻是主動的。

「捨近求遠」就是俗語所謂「近路勿走走遠路——枉費精神了」。因此，這與「捨己從人」恰恰相反，其貌似主動，或者頂頂抗抗，或者在不得機不得勢的情況下盲目行動，暴露勁點，結果反被對方利用借力，或者以大力制勝於你。這樣豈不落了一個實際上被動。因此，老一輩太極拳家常說：「這也叫『自作主張』。」意即不問條件和不講方法地盲動。然而不具備「聽勁」等基礎功夫是不免要「自作主張」的。

現在國內外打太極拳的人確實不少，但在基礎功夫上肯下苦功的人，又少得可憐，這是極待解決的一個關鍵問題啊！

清代王宗岳《打手歌》淺釋與研究

一、《打手歌》的原文及其作者

通行本七言六句共四十二字的《打手歌》，初見於清·王宗岳著《太極拳譜》內。其原文爲：

「掤捋擠按須認眞，上下相隨人難進。
任他巨力來打我，牽動四兩撥千斤。
引進落空合即出，沾連粘隨不丟頂。」

「捋」，原作「攦」；「沾連粘隨」原作「粘連黏隨」，今皆依簡體字及通行本。此外，個別輯本有作「上下相遂人難進」、「人難侵」、「敵難近」、「引人落空」、「沾連綿隨」的等等，都屬筆誤或潤改。陳溝兩儀堂舊抄本《打手歌》首句作「擠掤擴按」；近人陳子明（？～一九五一）《陳氏拳械匯編》所輯《打手歌》，「掤捋擠按」作「掤擄擠捺」，這恐怕只是爲了切合鄉音罷了。其他如「上下相隨」作「周身相隨」，「來打我」作「來攻擊」，「不丟頂」作「就屈伸」等等，分明也屬潤改一類，在文義上均無多大的出入。

《打手歌》作者王宗岳，山西人，清代乾隆年間在世，以教書爲業。平素酷愛武術，精通拳法，槍法，悉心研練數十年，頗有心得。著有《太極拳譜》和《陰符槍譜》。

據清代乾隆六十年乙卯歲（一七九五）佚名氏《陰符槍譜序》說：「山右王先生，自少時經史而外，黃帝、老子之書及兵家言，無書不讀；而兼通擊刺之術，槍法其尤精者也。蓋先生深觀於盈虛消息之機，熟悉於止齊步伐之節，簡練揣摩，自成一家，名曰『陰符槍』……辛亥歲（一七九一），先生在洛，即以示余。余但觀其大略，而未得深悉其蘊，每以爲憾。余應鄉試居汴，而先生適館於汴。退食之餘，復出其稿示余，乃悉心觀之。」又說：「先生嘗謂余曰：『余本不欲譜，但悉心於此數十年，而始少（稍）有所得，……於是將槍法集成爲訣，而明其進退變化之法』。」

上文「洛」指洛陽。汴，指開封。說明王宗岳於一七九一年在河南洛陽，一七九五年在開封。他既悉心於武技數十年，此時當已接近晚年了。看來他的一生，主要是生活在乾隆年間（一七三六～一七九五）的。此外有關他平生的事跡，別無史料可考。

王宗岳的著作，被後世太極拳家所普遍推崇的是《太極拳譜》一書。《太極拳譜》的內容包括《太極拳論》、《太極拳釋名》兩篇論說文，以及《打手歌》、《十三勢行功歌》兩篇七言歌訣。這四篇文章在國內外流傳都極爲廣泛，近百年來出版的各種太極拳專著，大都是附錄或引述這些文章的，它對於後世太極拳實踐和理論的繼承、創新、發展等諸方面，都有著極爲深遠的影響。

《打手歌》言簡意賅，便於背誦和記憶。因此，它歷來被當作太極推手教學的啓蒙性教材，是公認的太極推手和散手的指導原則。例如，歌訣中

「上下相隨」、「四兩撥千斤」、「引進落空」、「沾連粘隨」、「不丟（不）頂」等語，都早已成爲太極拳教學的常用術語了。前輩太極拳名家爲《打手歌》註解的人很多，雖然詮釋是大同小異的，卻也不乏獨到的心得。在一定程度上都爲豐富和充實《打手歌》的學術性理論內容，做出了各自的貢獻。

所謂「闡發精義」，實際上就包含了註家自己鍛鍊實踐的心得，因而比原作的意義往往更加深了一層。例如：「沾連粘隨」四字，原本是指「沾而相連、粘依相隨」的意思；《太極拳論》中早已談到了「我順人背謂之粘」、「偏沈則隨」等語。但後人則把沾、連、粘、隨四字分別解釋，並使之成爲推手所必須遵循的四個要點。這就不能不說是在理論上作了進一步的發展。

《打手歌》爲王宗岳所著，原無疑義。近代張士一始據《太極拳論》「察『四兩撥千斤』之句」，提出《打手歌》爲王以前人所作。唐豪（一八九七～一九五九）又據在河南溫縣陳家溝發現的少了最後兩句的《打手歌》，提出《打手歌》爲陳奏庭所作。顧留馨也因之認定《打手歌》六句爲

「王宗岳修訂」。對此雖已考據成帙，但細辯其根據是薄弱的。

例如：「四兩撥千斤」是一句極爲古老的拳諺，早在王宗岳以前已經流行於世，王宗岳把它採入《打手歌》原是毫不足怪的。歷代後人詩歌中，採入古代格言、諺語的事例舉不勝舉，何獨王宗岳不能如此呢？

再說唐豪先生在三十年代發現陳溝兩儀堂拳譜舊抄本中有《打手歌》四句，因此推想六句，當由四句繁衍而成，這也只是想當然罷了。因爲四句變六句固有可能，而六句只得其中四句或者少抄了兩句，那也屬常有的事啊！何況兩儀堂舊抄本未必是早於乾隆年間的抄本。以是觀之要推翻王宗岳是《打手歌》的作者，其論據顯然是不夠充分的。

二、《打手歌》題解

「打手」一詞，原本是一詞多義的。即《明史．兵誌》：「其不隸軍籍，所在多有，而嵩及盧氏、靈寶、永寧，並多礦兵，曰『角腦』，又曰『打手』。」嵩，河南嵩山一帶。盧氏、靈寶、永寧等都在河南西北部。永寧，即今洛寧。「角腦」，角力的頭腦（頭目），也即相搏的高手之意。「打手」，打，擊也，與搏同義，實即「拳手」的意思。換言之，「角腦」與「打手」，基本上是一個意思的兩種稱呼。

魏禧（一六二四～一六八一）《兵跡》說：「四方行教者，技藝悉精，並諳殺法，名曰『打手』。」行教者，指與教拳爲業的人。殺法，這裡指絕招。魏禧，即魏冰叔，明末清初江西寧都人，時稱魏叔子。明亡後隱居江西翠微峰，康熙年間薦舉「博學鴻儒」，不應。說明他與黃宗羲（一六一〇～一六九五）、陳奏庭都是生活在同一時代的人。而「打手」一詞，在清初仍可能與「拳手」屬於同義詞。

從河南溫縣陳家溝《陳氏家譜》看，譜內歷代族人名字旁註「拳手」、「拳手可師」、「拳手大家」、「拳手最高」或「拳手神妙」者達二十餘人，說明「拳手」也就是對「技藝悉精」之拳師的一種稱呼。由此推之，則《打手歌》似也可作「拳手歌」來解釋的。

打手的另一義是：手與拳通義，打手即「打拳」，今人多以走架爲打拳，古代「打拳」一詞則以散手較藝爲主。如明代戚繼光（一五二八～一五八七）《拳經·捷要篇》說：「余在舟山公署，得參戎劉草堂打拳。」意即說他在舟山公署與參將劉草堂一起作散手交流切磋。這麼說來《打手歌》似又可解爲「打拳歌」、「短打歌」或「散手歌」了。

據傳太極拳已有三百多年的歷史了，而「推手」一詞實是近一百多年來楊式太極拳假借「岳氏雙推手」之名而擬定的。在此之前，溫縣陳氏太極拳稱之爲「擖手」。《陳氏世傳太極拳術》一書（一九三二年上海版）作者陳子明所輯的《打手歌》，曾被改名爲《擠手歌訣》。清·李亦畬（一八三二～一八九二）輯有武禹襄（一八一二～一八八〇）《打手要言》、《打手撒放》，李本人也著有《走架打手行工要言》等文。此處「打手」兩字即取自《打手歌》，看來清代早期的「打手」，是比較接近於散手的。至於當今流行的各種推手配套練習法，則純係後人陸續創編而成的。如今推手理論和方法都相當繁富，並已達到了老少咸宜，人人皆可練習推手的地步。那顯然是經過歷代太極拳家和廣大太極拳愛好者，在繼承前人實踐經驗的基礎上，不斷地創新發展所獲得的豐碩成果了。

基於古今語言有別，而今人往往把「打手」一詞當作「打人凶手」解，因此，有的人就乾脆把《打手歌》改名爲《推手歌》了，但若從保持古籍的原貌來考慮，那自以不去擅改爲好。

三、《打手歌》今譯與淺釋

《打手歌》是應用當時白話文撰寫的一首通俗性拳訣。就字面而言，其文義並不深奧，因此，古人也從未作過今譯。採取今譯的辦法，在客觀上依舊難於表達其中術語的基本概念，而仍須借助於註釋。如今姑妄試譯之，僅供大家參考。

掤捋擠按四法必須認眞學習，
周身相隨喲，使人難於侵入。
任憑他用多大力氣來攻打我，
四兩之力喲，足以撥動千斤。

引進落空一經合度立刻發放，
切記沾連粘隨啲，不丢不頂。

現再根據原文，逐句淺釋如下：

(一)、掤捋擠按須認真

「掤、捋、擠、按、採、挒、肘、靠」是太極拳的八種基本手法，簡稱「太極八法」。但其前四法屬「正法」，後四法屬「奇法」。《孫子兵法·勢篇》說：「三軍之衆，可使必受敵而無敗者，奇正是也。」又說：「凡戰者，以正合，以奇勝，故善出奇者，無窮如天地，不竭如江河。……戰勢不過奇正，奇正之變，不可勝窮也。奇正相生，如循環之無端，孰能窮之？」拳法如兵法，所以傳統拳術的基本手法也有奇正之分。何謂奇正？奇正的含義極廣，一般地說，先出爲正，後出爲奇；正面爲正，側翼爲奇；明戰爲正，暗襲爲奇；……總起來說，正法就是最基本的常法，奇法則是相輔助的變法。「以正合，以奇勝」，就是以正兵或正法迎敵，以奇兵或奇法制勝。

《太極拳釋名》說：「掤捋擠按，即坎離震兌，四正方也。採挒肘靠，即乾坤艮巽，四斜角也。」四斜角，即四隅，也即四奇。奇，犄角，即斜角。但這裡是用八法與八陣、八卦相合，借以使太極八法規範化的。若以九宮圖式示意則爲：

巽靠	離捋	坤挒
震擠	太極	兌按
艮肘	坎掤	乾採

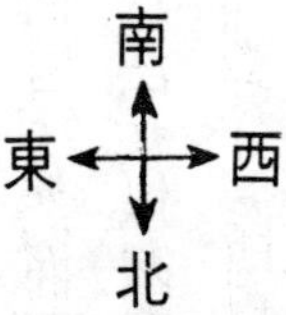

以上規範，若作仔細分析的話，是有一定道理的。例如：在推手運動過程中，以自己的胸部方向爲準掤、捋、擠、按四正法，是正面應敵的；採、挒、肘、靠四隅法，則是斜向出手的。而正四法的勁別，是以橫勁、直勁各兩法來作安排的。即：掤捋兩手的運動，是應用與胸橫線相並行的橫勁；

擠、按兩手的運動，則是運用以人體矢狀軸相並行或同一方向的直勁。相對地說，四隅法都是介於橫勁與直勁之間的斜勁；而且，其出手的遠近變化也較四正手爲多，明顯地包羅了「遠手、近肘、貼身靠」。當然，這僅僅是原則上的規範，在實際運用中不是一成不變的。

《孫子兵法．虛實篇》說：「水因地而制流，兵因敵而制勝。故兵無常勢，水無常形。能因敵變化而取勝者，謂之神。故五行無常勝，四時無常位，日有長短，月有死生。」這是就變化而言。然而要能因敵變化，首先得打好基礎。整個太極拳以八法爲基礎，而八法又以四正法爲基礎。因此，要學習推手、散手，一定要先把四正法練得純熟。所以，歌訣開宗明義說：「掤捋擠按須認眞。」當然，這並不意味著「採挒肘靠可馬虎」了。

㈡、上下相隨人難進

拳法攻守，務須上下相隨。戚繼光說：「上下周全，無有不勝。」拳諺說：「打人如擁抱，手到步要到。」又說：「手到步不到，短打不得少；手到步也到，發人如玩笑。」此外，尙有「手進三分，步進七分」等說法。總之，是指手足齊到，全身應敵而言。這些話都是從進攻角度來提出要求的。而上下相隨既然是爲使對方難於進取制勝，說明這裡原話是指防守而說的。但兩者要求上下手足協調一致，全身勁力完整一氣，其基本原理卻是完全相同的。現在，「上下相隨」一語早已成爲太極拳通用的術語了，前輩太極拳名家也有闡釋。

如楊澄甫（一八八三～一九三六）《太極拳說十要》說：「上下相隨者，即太極拳論中所云『其根在腳，發於腿，主宰於腰，形於手指，由腳而腿而腰，總須完整一氣』也。手動、腰動、足動、眼神亦隨之動，如是方可謂之『上下相隨』。有一不動，即散亂也。」這就含有「以腰爲軸」、「一動無有不動」的意思了。

如果結合力學重心原理來說，那上下相隨就在於自始至終地保持「立身中正安舒」，使重心相對的穩定。重心穩定則進退操縱得其宜，且無跌仆之虞。手去步趨，身退步撤；手足呼應，步隨身換——如此方能達到與「隨遇平衡」相彷彿的功效。凡在運動中兩腳隨攻守之勢而動，使人體重心不超越底盤範圍，那自然時時刻刻都能保持身體平衡而不跌倒了。

舉例來說，當你快步走路時，腳下被東西絆住，不慎跌了一跤。爲什麼會跌跤呢？上下不相隨嘛！如果腳不被絆住，隨上身向前邁進，那就不會跌這一跤。如果思想上有警惕性，能及時跨越障礙，或者當腳下雖被絆住，而上身卻能夠相應地及時「剎車」，並克服運動慣性，那也不致使身軀前傾到失重的程度，也就不會跌這一跤。所以說跌這一跤的原因，就是上下不相隨所致。那麼，在推手攻防運動中，若能做到上下相隨，也就是能使自己的重心始終保持在底盤範圍以內，那就不會跌仆；反之，如上下不能相隨，那不必說是在對抗性推手競賽之中，即使是走架，也會有步履不穩的感覺，這似乎應稱做「上下不隨立不穩」了。

(三)、任他巨力來打我

(四)、牽動四兩撥千斤

這兩句說的是「順人之勢，借人之力」、「以小力化解大力」。其實，借力之法並非太極拳所獨有的，如《少林拳術秘訣》一書中所載《趨避歌訣》說：「趨避須眼快，左右見機行。趨從避中取，實自虛處生。山重身難壓，隙開進莫停。勢猛君休懼，四兩撥千斤。」

這最後兩句與《打手歌》第三四句基本上是一個意思。一說不怕他來勢多猛，一說不管他來力多大，總之，都認爲用小力是足以化解和反擊大力的。然而大不相同的一點是：少林拳派一般只把借力當作技、戰術之一，幾乎所有的外功拳術無不兼備借力之法的；但太極拳卻是把借力之法提高到戰略原則上來看待的，因此，它把一系列「以小勝大」、「借力發人」等技、戰術，都當作保證實現戰略原則的主要手段了。這正是主柔、主守的太極拳，從理論到方法都與外功拳有很大差別的原因了。

「四兩撥千斤」是一句古老的拳諺，至遲在明代就很流行了。四兩怎麼能撥動千斤呢？這分明是含有藝術誇張的形容性說法。但也不妨依此舉個例子來談談：就把對手比作一個千斤大石，這塊石頭壓到我身上，那可不得了，準被壓個半死吧！若要不讓它壓著，那就如古諺所說的：「泰山雖重，其如壓不著我何！」壓不著，自然無損於我一根毫毛。

如果這塊千斤巨石牢固而平穩地豎立在地面上，那即使有幾個大力士也沒法推動它，更不用說四兩之力就能把它跌翻了。但如這塊巨石被烈風吹動，其重心已在底盤邊緣極限而搖搖欲墜，只消再加四兩之力就會使它跌倒，那麼「四兩撥千斤」豈不成了現實?!或許有人認爲：這個例子太「典型」了，意義不大。

其實在推手運動中，人體始終處於運動狀態中，人體重心偏向底盤一側是經常的。何況人只有兩隻腳，而不同於四腳爬行的獸類，因此，在一般情況下，底盤總是有其較窄的一面；加上自身的攻守失誤和對方的虛引詐誘，人體終不免有處於動搖之時，而不能像千斤巨石那樣巋然不動地豎立在地面上的，正因爲如此，「四兩撥千斤」的機會就多了。

有時對方用大力推來，由於身法前傾、上下不相隨，你只須用小力牽動一下，就可使他向前跌仆，甚至有時只須斜閃放空，也可使力大而不太懂技藝的人發生傾跌現象。

總之，「借大力」的形象化說法，又有誰會用天平去衡量呢！

㈤、引進落空合即出

對方攻來，我就引之使進，卻又不使他的剛發之勁落實到我的身上，而使其落空。彼勁一經落空，其身法必然有所傾側，而這時我已蓄勁蓄勢充分，並認定機勢無不合度，便抓住戰機，瞬間發放，這樣也就無往不利了。合，合度，包括很多方面，主要是指得機得勢，而不是單純地指外形的開合之「合」。

陳品三（一八四九～一九二九）《撝手十六目》（以下簡稱《十六目》）一文中，第九～十二目對「引進落空」四字作了逐字的解析：

9. 引，是誘之使來，牽引使近於我。

10. 進，是令人前進，不使逃去。

11. 落，如落成之落，檐水下滴於地；又如葉落於地。

12. 空，宜讀去聲，人來欲擊我身，而落空虛之地。

此外，「合即出」的「出」字，當解作勁力的「發出」、「發放」，而總的來說都屬「打」的範圍。打要快，切不可稍有遲疑，拳諺說：「遲疑必失機」、「機勢一失掉，空有兩手巧」。所以，強調「合即出」。《十六目》第十三～十六目，實際上就是為「合即出」三字所註，其中：「得」相當於「合」；「打」就是「出」；「疾、斷」講的是「即」。茲錄如下：

13. 得，是我得機、得勢。

14. 打，是機勢可打，乘機打之。

15. 疾，是速而又速，稍涉延遲，即不能打，機貴神速。

16. 斷，是決斷，一涉游疑，便失機會，過此不能打矣！

從《十六目》「速而又速」一句，聯想到《太極拳論》的「動急則急應」。這些話都充分說明太極拳並不是只要慢不要快的。特別是推手和散手運動，快慢都須服從戰略、戰術原則的需要，也必須能順應對方的變化，這才能稱得上「因敵變化示神奇」啊！從而證明，太極拳並非「老人拳」或「豆腐架子」。說「老人拳」是因為從事太極拳運動的體育生命特別長，可以自幼打到老，因此老年人特別喜愛；但若為提高太極拳的技藝水平計，那尚應大力培養少年拳才行哩！至於「豆腐架子」，那或者是說者外行，或者是練者「豆腐」，這都不是拳術本身之弊病了。

㈥、沾連粘隨不丟頂

「沾連粘隨」四字，近代太極拳家大都作了逐字分解，如《十六目》第一～八目，除一～二目「較、接」二字指推手較量外，第五～六目「因、依」二字則是從「粘」字中衍生的。現引載於後：

1. 較，較量高低。
2. 接，是兩人手相接也。
3. 沾，是手與手相沾，如「沾衣欲濕杏花雨」之「沾」。
4. 粘，如膠漆之粘，是人既沾我手，不能離去。
5. 因，是因人之來。
6. 依，是我靠住人身。
7. 連，是手與手相接連。
8. 隨，是隨人之勢以爲進退。

從上引之文，不難看出：《十六目》實際上是針對《打手歌》最後兩句中十一個字所作的逐字分解；這裡雖未談到「不丟頂」三字，但如能做到沾連粘隨，那也自然能做到不丟不頂了。不丟頂，意即在捨己從人、隨人而動的過程中，既不丟人，也不用勁頂人。換句話說，粘不住人，必犯「丟」的毛病；做不到「捨己從人」，就易犯「頂」的毛病。後人進一步由「丟、頂」二字，把它繁衍爲「匾、抗、丟、頂」四字，統稱爲「雙重」之病。總之，沾連粘隨是四要，丟頂是二不要。繁衍後「二不要」就成爲四不要，或稱「四病」。

楊澄甫先生所藏據稱是祖傳的《太極拳譜》，其中也有《沾粘連隨解》和《頂匾丟抗解》各一篇。因文字不多，茲特輯錄全文，以便對照分析。

《沾粘連隨解》

提上拔高謂之沾；留戀繾綣謂之粘；

捨己無離謂之連；彼走此應謂之隨。

要知人之知覺運動，非明沾粘連隨不可，斯沾粘連隨之功夫，亦甚細矣！

《頂匾丟抗解》

頂者，出頭之謂；匾者，不及之謂；丟者，離開之謂；抗者，太過之謂。

要知此四字之病，不但沾粘連隨之功斷，且不明知覺運動矣。初學對待者不可不知，更不可不去此四病。所難在沾粘連隨中不許頂匾丟抗，是所不易也。上文「提上拔高謂之沾」，與《十六目》「手與手相沾，如『沾衣欲濕杏花雨』之『沾』」的說法有所不同。「提上拔高」是爲了便於借力，這與李亦畬《撒放密訣》「擎起彼勁借彼力」句中「擎」字的含意相近似。所以，沾中須含擎意。「留戀繾綣」就是密切得難分難捨之意，與「如膠漆之粘」是含意一致的兩種說法。其餘各句也無矛盾之處。

頂匾丟抗的「匾、抗」二字，凡頂得厲害就成了「抗」。抗，即以大力抵抗。作爲術語字，這是從「頂」字中衍化派生的。丟，即離。匾，同癟。

人走時，我不能連隨，那就成爲「丟」，與此相反，人粘逼而來，我雖不與頂抗，只是丟了掤勁，掤不住，化不開，手臂一下子被壓扁，貼住自己的身軀形成「自困自」的「軟手」，這就稱爲「匾」。它旣像掛在中堂的橫匾，缺少拱形的抗壓力，又像洩了氣的皮球，癟掉了。那自然立即被人得實發放了。由此推論，匾，雖與丟的方向、現象都不相同，但卻是從「丟」字中衍化派生的。這是指術語的繁衍，實質上也就是《打手歌》理論的一大發展。

這四病都與《太極拳論》所說「雙重之病」相合，也就是都會被對乘機借力或乘隙進攻得逞的。因此，《打手歌》的最後一句，便成爲太極推手和散手運動中最重要的基本要領了。這也就是《打手歌》之所以被後人尊奉爲太極拳經典著作的緣故吧！

清代武禹襄太極拳《身法八要》淺釋

《身法八要》，原題名為《身法》。「八要」則是《身法》所記述的八個重點。全文共十六個字，即：「涵胸、拔背、裹襠、護肫、提頂、吊襠、鬆肩、沈肘。」

《身法》一文，見於清・李亦畬（一八三二～一八九二）輯錄的廉讓堂本《太極拳譜》，是《十三勢架》中開篇的一段，這一段以七言四句詩歌體記述。「身法八要」的原文為：

提頂、吊襠心中懸，鬆肩、沈肘氣丹田；
裹襠、護肫須下勢，涵胸、拔背落自然。

這四句歌訣，在民間常被太極拳愛好者單獨傳抄，並題其名曰：《身法八要歌》。究其原由，當因這四句歌訣便於記憶背誦和有助於講授基本要領的緣故吧！

「身法八要」，歷來被傳習武式太極拳的人看作必須遵循的基本要領。其實，它對其他各學派的太極拳，具有同等重要的指導意義。為便於廣大太極拳愛好者研究參考，特將以上四句歌訣逐一淺釋如後。

一、提頂、吊襠心中懸

提頂 就是頭部正直地向上頂起，不低頭，也不昂頭，使神氣貫通，精神提起，以提絜全身。這與清．王宗岳《太極拳論》一文中的「虛領頂勁」、《十三勢行功歌》中的「頂頭懸」，以及楊澄甫《太極拳說十要》中的「虛靈頂勁」，都是一個意思。

吊襠 是指襠部開圓坐落，從頭頂「百合」穴到襠部會陰穴之間，彷彿有一條無形的線垂直地吊著。這樣全身動作就顯得輕靈、沈著，並可做到輕靈而不飄浮，沈著而不重滯。當然，首先要做到「提頂」，然後才有可能實現「吊襠」。這就像打井水一樣，上面的繩子如不提起，或雖提而不正不直，那下面的水桶便無「吊」字的意義可言。由此說明，提頂、吊襠二者相互關聯，缺一不可。舉腿動步時，兩腿著力，臀部相應地下垂和微向前送，做到「尾閭中正」。即令臀部既不向後撅起，也不向左右扭動。同時，兩胯鬆落，隨著小腹的自然起伏鼓蕩，襠部就有了吊住的感覺了。一般地說，能吊襠，尾閭自然中正，這好比建築業使用的鉛陀螺一樣，重力不偏不倚地垂直向下，就保持了「立身中正安舒」。

《十三勢行功歌》所說「尾閭正中神貫頂，滿身輕利頂頭懸」，若與《身法》的「提、吊襠」對照分析，不難看出：儘管二者的文字一繁一簡，說法也不盡相同，但實際做法及意義卻是基本相同的。

「心中懸」一語雙關，既說心中要牢記「提頂、吊襠」這一基本要領，又說提頂、吊襠就像一條無形的線，通過人體中心垂直地懸著；上頂下吊，頭頂襠落，上下兩端略成懸掛與對拉之勢。

總之，掌握這二要領的目的，是使練拳的人做到「立身中正安舒」，精神提起，舉動輕靈，重心穩定。

二、鬆肩、沈肘氣丹田

太極拳術語中，有「鬆肩、沈肘」、「沈肩、墜肘」、「沈肩、垂肘」和「沈肩、曲肘」等等說法，表述不同，其理則一。打太極拳時，要求全身關節做到節節鬆沈。

鬆肩　鬆肩、沈肩，強調兩肩關節以意鬆開，往下垂落，並有下沈的氣勢。凡做不到鬆肩要求的人，其兩肩就容易不自覺地端起，這就叫做「聳肩」或「寒肩」，屬於身法方面的一種「病態」。所謂「寒肩」，指的是如同人們在遇到寒冷時把肩膀聳起一樣。肩部一經聳起，則氣血易上浮而難於下沈，這時上肢和全身都不得力。

此外，鬆肩更含有鬆靜而不緊張的意思。首先要求大腦鬆靜，在任何情況下不可張惶失措。這鬆中必須寓一「靜」字，因為「不靜不鬆，不鬆不靜」，兩者互為因果，故務求鬆中寓靜。其次，兩肩的關節也要鬆開，做到腋窩處有可容一橫拳的空隙。

這樣，腋部就像裝有彈簧，富有彈性，在推手時兩臂不易被人壓扁，不致發生「自困自」的現象。所以肩關節切不可向裡收緊，要鬆肩而不可「緊肩」。

沈肘　要求肘關節向下鬆垂。不論走架或推手，以心行氣，當氣行於兩肘，心中務須保持兩肘有下沈墜落的意念。有的人理論上明白了沈肩的重要性，但在走架時從不進行沈肩的意念訓練；一旦推手，兩肘被對方一托即起，立時胸、肋兩空，彷彿表演了一個「投降式」，這就是因爲平時缺少逐日地練習意念功夫所致。同時，要使肘尖保持下垂，出手要留有餘地，而不可肘直無餘。

換言之，由於發勁等原因，當肘關節在做最大限度的伸展時，仍須留有微小的曲度，而不可完全伸直，一發無餘，這就叫「曲肘」。曲肘實際上仍屬於沈肘的一種形式，惟有如此，方符合「勁曲蓄而有餘」的太極拳理。若與沈肘、墜肘、垂肘、曲肘的要求相反，則據其不同的動態或靜態，可以觀察到出現懸肘、寒肘、抬肘或揚肘等毛病，主要表現爲肘部懸起，腋下脇部暴露，極易爲人所乘。

此外，肩、肘兩者的關係極爲密切，肘不鬆垂，肩部必然容易聳起；肩部聳起，肘部也易隨之抬起。這樣就會使氣血阻塞於肩、肘關節部位，而不能暢達於腕根和指端，手腕也就難以運用自如了。這不但會影響健身的效果，而且在推手時勁力僵滯，破綻奇多，往往弄得「攻也不是，守也不是」。

「氣丹田」是指鬆肩沈肘有利於氣沈丹田。氣沈丹田，就是以意沈氣，使之下達於小腹部的丹田部位，而不使其向上浮起。

三、裹襠、護肫須下勢

裹襠　兩膝用意裡裹，使襠部開圓，並寓有以膝護住襠部的意念。這裡主要是指運用意念而言，而不是在外形上過分地扣膝。否則會使小腿脛骨處於傾斜狀態，加大膝部負荷，日久會導致膝關節慢性勞損。能裹襠，在行動中就易於分清和變換虛實；又由於襠部圓撐地呈拱形狀態，不僅易使下盤穩固，而且日久還能增強兩腿的負荷能力和抗壓能力。

總而言之，裏襠不僅僅爲了以膝護襠，如果你會是慣於騎馬的，那就會把裏襠與坐馬的姿勢聯繫起來思考。

實踐證明，裏襠確是坐馬的一種姿勢，而且是把這種姿勢的優點，貫穿到所有的步型中去。因而裏襠雖源於坐馬勢，然其應用卻又不限於馬步。

護肫　兩肘以意微合，兩脇微斂，使肘部和前臂沈著地前合，隨時護住大腹及心窩等要害部位。肫（ㄓㄨㄣ），禽類的胃，這裡借作人的胃部（即大腹）。有的人把「肫」字誤作「臀」字解，大謬不然矣！從字面上說，裏襠、護肫是指在下兩膝相裏，以護住襠部；在上兩肘相合，以護住胃部。但其實際意義早已超出原意的範圍了。

「須下勢」　這裡指的是走架、推手都必須注意鬆腰、落胯地坐身，不論架式高低，胯窩部位都應有程度不同的折疊感，從而在身法上表現出有周身下沈的氣勢。從全句分析，不難看出，這「須下勢」三字並非專指拳架套路中的「下勢」動作。

四、涵胸、拔背落自然

涵胸 今也作「含胸」，意義均無不同。胸略內含，而不可挺出。但也不可內含過分而變成「凹胸」。兩肩微微向前合，使胸部自然地含虛和鬆沈，從而有助於氣沈丹田，借以做到「胸虛、腹實」和「氣遍身軀不稍滯」。故郝月如（一八七七～一九三五）在《武式太極拳要點》一文中說：「能涵胸，才能以心行氣。」

拔背 背部自然地挺拔，脊背「大椎」穴上下一線，似有微微鼓起之意，使氣貼於背，力由脊發。

落自然 出落得自然。楊澄甫說：「能含胸，則自能拔背；能拔背，則能力由脊發……」總之，要取法自然，而不可做作。否則反易弄巧成拙，會因胸部過度內含或背部過分隆起而表現為凹胸、弓背、低頭、哈腰等錯誤身法。故曰：「涵胸、拔背落自然。」

最後附帶地說明一下，所謂「身法八要」，實際上是肢體上下或前後相互密切關連部位在太極拳運動中的四對要點。但由於約定俗成的緣故，大家也就不再改口去稱它爲「身法四要」。

對於初學者來說，嚴格遵循「身法八要」，無疑是分外重要的。郝少如曾說：「身法是太極拳理論的主要內容之一。身法在教或練的過程中，既是最基本的，也始終是最重要的。因此，對身法必須要求嚴格。」他又說：「練成這八條身法之後，全身的肌肉、骨骼才能靈活、協調，動作一致，才能達到隨心所欲的地步。」

少如是月如之子、郝和之孫。郝氏三代精研和教習武式太極拳，積累了豐富的教學實踐經驗。

上引少如的話，是值得引起太極拳各學派充分重視的。

清代武禹襄《四字密訣》淺解

李亦畬（一八三二～一八九二）於光緒七年（一八八一）手訂的《太極拳譜》，內有《禹襄母舅太極拳四字不傳密訣》（簡稱《四字密訣》）。「四字」，即「敷、蓋、對、吞」，是應用於太極拳推手、散手化勁和發勁的秘訣。

武禹襄（一八一二～一八八〇）在《四字密訣》的跋文中說：「此四字無形無聲，非懂勁後，練到極精地位者，不能知全。是以氣言，能直養其氣而無害，始能施於四體，四體不言而喻矣！」

跋文說明，要想弄懂四字密訣，首先要懂勁；不懂勁，不練到極其精到地步的人，是不可能完全弄懂它的。這話聽起來有點神秘，但練習推手是有一個「由著熟而漸悟懂勁，由懂勁而階及神明」的進階過程。只有過了初級階段，才能慚慚懂得「四字密訣」。當然，由於各人的悟性不同，即使下了同樣的功夫，領會也會有遲有早。

跋文指出「是以氣言，能直養其氣而無害」。養氣指呼吸要自然順遂，呼吸自然順遂才沒有害處。由於武禹襄談到「是以氣言」，因此，我見到好幾位推手的人都與別人飄浮地搭手，雙手只及人汗毛，並美其名曰典出武氏四字密訣，是純以氣行嘛！還說「一旦練至精到，便能運用凌空勁發人」。

這裡先談談「凌空勁」。說推手有凌空勁，見於陳炎林《太極拳刀劍杆散手合編》一書（一九四三年上海國光書局出版）卷二「論勁」之末條，而他也已申明說：「凌空勁……實乃一種精神上之作用而已。」這與武氏所說「是以氣言」迥然不同。

其實，推手不僅是要挨著的，不連不能打，而且多數時間都要用手如膠似漆地粘著對方的肢體，所謂「剛外有柔，如膠似漆」、「克敵制勝，功在用粘」。因此，那種認爲不用粘，是用氣控制對方，而且把它看作練「凌空勁」的基礎，實在是大謬不然的。

太極拳對意、氣、勁三者，是強調「以心行氣」、「以氣運身」（見武禹襄《十三勢行功要解》），以及「意到則氣到，氣到則勁自到」的。推手主要有賴意識支配行動，在運行中意、氣、勁三者是合一的。當然需要足夠的「氣」，才能有足夠的「勁」，因此，才強調要「養氣」。但養氣不自然、不順遂，就會氣滯勁塞，因此，武氏曾一再指出要「直養其氣」。氣能直養，方能貫達四體，這樣才能談到化勁、發勁的隨心所欲，否則四體麻木不靈，豈不化發兩誤。

上面先把跋文弄通，然後再逐一解釋「敷、蓋、對、吞」，這樣才能事半功倍；否則概念各異，就徒費口舌了。

〔原文一〕敷：敷者，運氣於己身，敷布彼勁之上，使不得動也。

〔解釋〕我們先讀一讀李亦畬的《敷字訣解》：「敷，所謂『一言以蔽之』也。人有不習此技而獲聞此訣者，無心而白於余。始而不解，及詳味之，乃知『敷』者，包獲周匝，『人不知我，我獨知人』。氣雖尚在自己骨裡，而意恰在彼皮裡膜外之間，所謂『氣未到而意已吞』也。妙絕！妙絕！」文中所說的「包獲周匝」，就像傷科醫生在為患者的手臂敷上藥，然後輕輕地包上布條。周匝，環繞一圈的意思。如果不挨著人，那就算不了「敷」，更談不上「包獲周匝」。「敷」，當然也含有「輕靈」之意，但輕靈不等於飄浮。虛虛地挨著人，肯定粘不住人，那就談不上後文的蓋、對、吞了。

一旦對方移位進手，我會反應不及；反之，如我進手，對方反而會感覺敏銳，因爲從「浮→實」，就會予人以明顯的感受。所以「敷布彼勁之上」應「包獲周匝」而不宜飄浮，也不可使我勁出現斷續、缺陷、凹凸，甚至不與人相連相隨。否則就談不上什麼沾連粘隨了。

全句註文的大意是：敷是以心運氣在自己的肢體上，並（通過與人相連接處）將我之氣像敷藥一樣敷布在對方的勁上，使他不能出手。

這裡「運氣於己身」是指以意引導氣的自然運轉，即所謂「行氣如九曲珠，無微不到」。氣的運行，在一定程度上要適應於迎敵的需要，但又必須是形成自然的反射。末句的「動」，是指「出手」，如同「彼不動，己不動」的「動」字。這裡不作動彈解，否則「使不得動」就成了硬性捆綁，豈不「失之毫釐，謬以千里」！應解釋爲把對方粘住，使無法逃脫；或解釋爲

『使對方進不能發、退不能化』亦可。

［原文二］蓋者，以氣蓋彼來處也。

［解釋］不僅敷布，而且把對方要出的勁蓋住。敷布帶有普遍性，因爲對方勁尚未出；而蓋字帶有專門性，指定要「蓋彼來處」。來，即來勁。對方有勁來，我就籠罩住它，使之隨我而動。太極推手的外形是被動的，強調「捨己從人」；而實質上是主動的，告誡人們不要「捨近就遠」。

［原文三］對：對者，以氣對彼來處，認定準頭而去也。

［解釋］蓋住以後，還要對準。拳諺說：「接手如落榫：一對準，二吃牢，三落實。」對準，以我之氣對彼來處。認定準頭，這就對準、吃牢了；然後落實，發放而去，那就萬無一失了。

［原文四］吞：吞者，以氣全吞而入於化也。

［解釋］第三字講的發，第四字講的是化。化人，就像魚兒吞食一樣，

輕鬆地全呑而消化之。當對方發勁或逼人，我就以氣全呑而化解之。這裡再說明一遍：太極拳強調意、氣、勁三者合一而以意爲主導。李亦畬《敷字訣解》不是也講到了嗎？「氣雖尙在自己骨裡，而意恰在彼皮裡膜外之間，所謂『氣未到意已呑』也」。說明意念必須領先一步，也即所謂「心爲令，氣爲旗」，「以心行氣」，而不是相反。

此外，「敷、蓋、對、呑」四字是一個整體，研探這首字訣，最好能與「沾、連、粘、隨」四字一起理解，並參考「接手如落榫：一對準、二吃牢、三落實」的拳諺，再參以「意到氣到勁自到」的原理，然後結合自己通過推手實踐逐漸懂勁的程度，慢慢地細細地體味，肯定是不難理解這《四字密訣》的，也不會感到有什麼神秘之處。當然，要眞正在推手、散手中做到，那是非下十年苦功不可的。《四字密訣》是一項不可忽視的推手要領，是值得我們認眞加以研究和探討的。

清代李亦畬《撒放密訣》淺釋與研究

一九八二年十一月下旬，在北京舉行了全國武術對抗項目表演賽，競賽內容包括武術散手和太極推手兩大項目。把太極推手列爲全國武術對抗競賽項目之一，促進和提高了各地太極推手愛好者的技藝水平。

長久以來，由於太極推手運動向著單純的醫療保健方向發展，因此表現在技擊應用上，往往存在著偏愛花俏或機械劃圈的傾向；反映在理論著作中，有的甚至把太極拳闡釋成是「從我國古代導引衍化派生的」。所有這些，與我國傳統拳學基本原理是不盡相合的。

自古以來，拳術是以技擊性爲第一生命的，因此從拳學角度來研究太極推手，就是要保存它的技擊核心，同時又要兼顧它所固有的體育娛樂性、醫療性、保健性和表演藝術性。基於上述想法，筆者特將多年來結合鍛鍊實踐研讀《撒放密訣》一文的心得，奉獻給同好，並望得到指正。

一、《撒放密訣》作者的生平

《撒放密訣》一文作者李經綸（一八三二～一八九二），字亦畬，河北永年縣人。永年是清代楊式太極拳創始人楊露禪（一七九九～一八七二）和武式太極拳創始人武禹襄（一八一二～一八八〇）的故鄉，也就是楊式和武式太極拳的發祥地。而且武禹襄原來就是從學於楊露禪的，後至河南溫縣趙堡鎮，又從陳青萍學習了陳式新架太極拳，此後方始融會貫通而自成一派。因此，陳、楊、武式太極拳之間，不但存在著一脈相傳的淵源關係，而且其傳遞關係是十分親近的。就其架式來說，雖有大小與新老架之分，但若探究其拳理，卻是全然相合的。

李經綸是武禹襄的外甥，他是咸豐元年辛亥歲（一八五一）貢生，於同治元年（一八六二）舉孝廉。一生中當過巡檢（清代治理縣轄邊遠市鎮或關隘的小官）、商人和種痘醫生，而並非職業拳師。咸豐三年（一八五三），當他二十二歲（虛歲，下同）時，方始從其舅父武禹襄學拳。學成後勤奮鍛鍊實踐數十年，到老不輟。經綸的身材矮小，但功成後與人比手，卻能使對方騰空而出。他生平撰寫了《五字訣》、《撒放密訣》、《走架打手行工要言》等有關闡發太極拳訣要的文章，並繪有《左右虛實圖解》的示意圖。此外，他在一八七九～一八八一年，曾以工楷輯鈔《太極拳譜》三本傳世，被後世奉為太極拳經典著作。

經綸的學生有郝和（字為眞，一八四九～一九二〇）、葛福來等數人。近世的武式太極拳，實有賴於郝和、郝文桂（字月如，一八七七～一九三五）、郝少如（一九〇八～一九八三）等祖孫三代的廣為傳授，故舊時也稱武式太極拳為「郝架太極拳」。

形意、八卦拳家孫祿堂（一八六一～一九三二）之太極拳，原也得自郝和的傳授；後孫祿堂又融入其原習的形意、八卦拳之理法，始自成一家，被後學奉為孫式太極拳這一學派的創始人了。從上述師承關係，就足以看出：在太極拳的歷史上，李經綸不失為承前啓後的一個重要歷史人物。

二、《撒放密訣》的著作年代

李經綸傳世的幾篇文章，是連同王宗岳、武禹襄的數篇太極拳論著一起輯鈔在《太極拳譜》內的。其中有《太極拳小序》一篇，實爲《五字訣》的序文。該序文的篇末敘及：「予自咸豐癸丑（一八五三），時年二十餘，始從母舅學習此技。口授指示，不遺餘力。奈予質最魯，二十餘年來，僅得皮毛。竊意其中更有精巧。茲僅以所得，筆之於後，名曰：《五字訣》。以識不忘所學云。」說明《五字訣》大約是他在四十五歲（一八七六）前後寫就的。

《撒放密訣》則是繼《五字訣》之後撰寫定稿的，這從《撒放密訣》的四句原註中各有「靈、斂、靜、整」四字就可看出《五字訣》的第五字——「聚」，未列入《撒放密訣》的註文內，那是因爲「聚」字屬「五字」的總體，如《五字訣》說：「上四者俱備，總歸神聚。」又因爲《撒放密訣》是「四字秘訣」，當他用四句七言歌訣來闡釋這「擎、引、鬆、放」四字時，猶感語之不詳，便從《五字訣》中各取一字，作爲註文，並在跋文中記有「精神不團聚者不能」等語，這正是《五字訣》中「聚」字的概括之意了。

至於李經綸的其餘各篇文章，至遲寫成於第一本《太極拳譜》輯鈔成書之前，即不遲於光緒五年己卯歲（一八七九）。而馬印書（即馬同文，經綸之姨甥）鈔本中《太極小序》篇末的紀年作「丁卯」（一八六七），與序文中「自咸豐癸丑（一八五三），……二十餘年來……」等語不合，明顯地是刊刻差訛所致。總而言之，上述經綸傳世的作品，距今都已有一百多年的歷史了。

三、《撒放密訣》的原文與校勘

《撒放密訣》是李經綸所寫各篇拳著中惟一用四句七言詩歌來詮釋他自己心悟所得的「擎、引、鬆、放」四字秘訣的。其餘如《五字訣》、《走架打手行工要言》等篇，在文章體裁上都屬論說文。《撒放密訣》全文應包括篇題四字，篇首密訣四字，歌訣二十八字，原有註文十六字，以及篇末跋文六十三字，合計一百一十五字。現錄其原文如下：

《撤放密訣》

擎、引、鬆、放：

擎起彼勁借彼力，（中有靈字）

引到身前勁始蓄，（中有斂字）

鬆開我勁勿使屈，（中有靜字）

放時腰腳認端的。（中有整字）

〔跋文〕擎、引、鬆、放四字，有四不能：腳手不隨者不能，身法散亂者不能，一身不成一家者不能，精神不團聚者不能。欲臻此境，須避此病；不然，雖終身由之，究莫明其精妙矣！

以上原文係據廉讓堂本錄出，篇末「跋文」二字係本文作者所加，其餘未增損一字。經與建國前後出版的有關各輯錄本校勘：

保持古籍的原貌。

㈠**篇題**：除個別版本改名爲《撒放密訣》外，一般都保持原有篇名，以

㈡**篇首四字**：孫祿堂原著《太極拳》（人民體育出版社一九五七年初版，二版時改名爲《孫式太極拳》，以下簡稱「孫本」）附錄中，「擎」誤作「擊」。以「擎」爲是。

㈢**歌訣**：孫本歌訣第一句作「擎開……」，「開」字顯屬潤改。原文「擎起」一詞中，雖含有「擎開」的意思，但卻是以「提上拔高」作爲其主導思想。因此「擎開」只能作爲原文「擎起」的詮釋之詞。換言之，「擎起」不只是尋常的「擎開」。

郝和藏本《太極拳譜》乃是李經綸於一八八一年鈔定的第三本，也即最後一本，其第一句歌訣中「彼勁」作「彼身」。這兩者都是經綸原著，其原意是一致的。但從斟酌字句上說，以「彼勁」更爲貼切，即包含了「沾接彼勁」之意。至於「彼身」二字，那也是泛指對方的肢體，而不是專指軀幹部分。郝本雖是經綸最後鈔定的一本，但經綸之侄孫李福蔭在一九三五年作序和編次的廉讓堂本，乃是李福蔭據其伯祖父李經綸「自留一本」乃其「自編

原稿」，「擇其詳盡者，釐定次第，原文之中，未敢增改一字」（李福蔭《廉讓堂本〈太極拳譜〉序》）。結合此說，愚以為從用詞分析，「彼勁」一詞極可能是李經綸在一八八一年以後才改定的。而外間流傳的向以鈔自郝本為多，如卞人杰著《國技概論》（正中書局一九三六年版，一九四八年三版）、郝少如編著《武式太極拳》（人民體育出版社一九六三年版）等書，所輯此首歌訣均據郝本。第二～四句歌訣及四句原註，各版本大都是一致的。但民間輾轉傳抄的，其筆誤或音轉訛字就不勝枚舉了。

㈣跋文：郝本無跋文。此跋文外間流傳輯鈔者較少，這也是廉讓堂本的可貴之處了。

四、《撒放密訣》淺釋

〔**題解**〕撒放，即發放，指太極推手發勁。密訣，即秘訣，含有珍秘訣竅和深藏不露的意思。如《少林拳術秘訣》、《四字不傳密訣》，以及「長壽密訣」等等都屬此類。

綜上所述，「撒放密訣」就是「太極推手發放秘訣」。這裡「秘訣」所指是「擎、引、鬆、放」等四個字，似也可稱之爲《四字訣》；而歌訣、註文和跋文，那都是用來闡釋這四字之秘要的。現逐句解析如下。

(一)

〔原文〕擎：擎起彼勁借彼力（中有靈字）

〔淺釋〕擎的本質是「化」，也即「沾化」。楊澄甫（一八八三—一九三六）家藏本《沾粘連隨解》說：「提上拔高謂之沾。」說明作爲術語字，擎與沾的含義是略同的。太極推手，在順勢借力的過程中，必先有一「化」擎是爲了化解敵力和達到順勢借力，「四兩撥千斤」的目的。

所以說，它的實質仍是「沾而化之」的一種基本方法。雖然太極高手在一舉手之間化發皆成。但這不是初學者所能仿效的，且在教學上也須分解其常法的逐一過程。一旦練之純熟，自也能「捨己從人」，隨意而動，隨化而發，臻乎「神明」的境界。

那麼如何「擎起彼勁」呢？今以掤法爲例，如：對方用雙手按來，或者用拳向我上、中路打來，我便用左（或右）前臂沾著其腕節，向上、向前掤起；同時向左（或右）側轉腰，隨轉腰之勢，擎開彼勁。若是動步推手或散手，也可迎敵而上，因形取勢。這也叫「掤化」，結合《撒放密訣》來說，當屬「擎」之一例。

或問：對方向你打來，你向前掤去，是否會犯「雙重」發生頂、抗？回答是否定的。「擎起」即含有承受而上的意思，所以上述掤法的關鍵在於「向前、向上」，而不是單純向前，逆著勁相互頂抗。若能向前沾接並承而向上，這時兩勁方向略成直角，便有借力之效。由於你將對方來勁承而向上，既使彼勁沒法降及我身，卻又因被我「提上拔高」，使其有被掀起腳跟之感。因此，倘能使用得法，不論向上擎起或向側擎開時，都可將對方掀起，達到「順人之勢，借人之力」的目的。

然而「擎起彼勁」並不限於掤法一種。一般地說，太極推手發放的全過程，不論採用太極八法（即掤、捋、擠、按、採、挒、肘、靠）中的哪一法來進行發放，都必須貫穿「擎、引、鬆、放」這四個字訣；而且太極八法在應敵時，是相互爲用，奇正相生的。本句用掤法來作解釋，只是取其簡明易懂而已。「借彼力」則是泛指借對方之力，而其最終目的還在於發放得效而取勝。

〔**原註**〕「中有靈字」。靈，即「身靈」。《五字訣》說：「二曰身靈（按：《五字訣》與《撒放密訣》各有次序，下同）：身滯則進退不能自如，故要身靈。舉手不可有呆像，彼之力方礙我皮毛，我之意已入彼骨內。兩手支撐，一氣貫穿，左重則左虛，而右已去；右重則右虛，而左已去。氣如車輪，周身俱要相隨。有不相隨處，身便散亂，便不得力，其病於腰腿求之。先以心使身，從人不從己；後身能從心，由己仍是從人。由己則滯，從人則活。能從人，手上便有分寸，秤彼勁之大小，分釐不錯；權彼來之長短，毫髮無差。前進後退，處處恰合。功彌久而技彌精矣！」

從這段話即可看出，「擎起彼勁」決不是硬擎，而是悉本王宗岳《太極拳論》所說的「捨己從人」的法則。硬擎必然犯「雙重之病」，那就成了「由己則滯」和「捨近求遠」了。這裡「身靈」二字，是指全身肢體都要靈敏，而不是只指軀幹的靈活。同時，擎起彼勁的關鍵在於腰腿，而不在手臂力大。推手時，手和臂雖然起到如同昆蟲觸角般的作用，而且化、引、拿、發主要也表現在手和臂上，所謂「形於手指」；但若腰腿無功，或周身不能相隨，那就不能得力。拳諺說：「根基不牢，著人不妙。」又說：「力量一分散，四兩也難擔」。所以，篇末跋文也著重提出了「四不能」的說法。太極推手運動過去曾被稱爲「知人之知覺運動」，因此必須練出「周身成一家」的身靈，逐步做到「秤彼勁之大小，分釐不錯；權彼來之長短，毫髮無差」。也即要求日久獲得《太極拳論》所形容的「一羽不能加，蠅蟲不能落」那樣敏銳的知覺，這就全賴平日積累「聽勁」等功底了。

㈡

〔原文〕引：引到身前勁始蓄（中有斂字）

〔淺釋〕什麼叫「引」？引，引導、引誘、牽引，作爲太極推手的術語字，是兼有三種含義的。古人說：「兵不厭詐。」拳術原本是古代「兵技巧」的一種，是以兵法爲指導思想的。《孫子兵法．計篇》說：「利而誘之。」《勢篇》說：「故善動敵者，形之，敵必從之；予之，敵必取之。以利動之，以卒待之。」《莊子．說劍篇》說：「示之以虛，開之以利。」這裡都可歸結爲一個「引」字。換言之，「引」就是爲了「動敵」，但又必須像牽牛鼻子一樣，要達到「引之使來，敵不得不來」。

今以向左捋法爲例，對方雙手按來，我以左前臂掤起後，趁勢用我左手採執其左腕，用我右臂尺骨近腕一側粘貼其左上臂近肘處，向我左側捋去。這捋法即屬「引」之一法。如不用捋勁發放，當我把對手「引到身前」時，也恰好是蓄勢、蓄勁達到最充分的時候，這樣就爲下一步採用一種相適應的手法來進行發放作好了準備。

引要長，氣要斂，如此才能獲得「蓄之既久，其發必速」的效果。倘使不能做到「引到身前」那麼就形成遠距離發放，這樣若不失效，便是收效甚微。倘若不能做到「引到身前勁始蓄」，而在未引到身前便蓄足勁的話，那當引到身前時，已洩去了部分勁，勢必形成發放的勁力不夠充分。所以，必須「引到身前勁始蓄」，這樣方能使蓄勁充分、發放有力。但「引」又不限於捋法，各法皆可引。

〔原註〕「中有斂字」。斂，即「氣斂」。《五字訣》說：「三曰氣斂：氣勢散漫，便無含蓄，身易散亂。務使氣斂入脊骨，呼吸通靈，周身罔間，吸爲合、爲蓄；呼爲開、爲發。蓋吸則自然提得起，亦拿得人起；呼則自然沈得下，亦放得人出。此是以意運氣，非以力使氣也。」

這段話著重談呼吸方法，強調「氣斂入脊骨」，而不可任其散漫飄浮。這就須通過平素勤於練習站樁和走架，來幫助積累養氣和煉氣的功底了。太極拳主張「慢中求功」，這原本就是養氣之一法。養氣和煉氣的目的，是爲了能在對敵運動中，氣不躁動、散漫、飄浮或滯澀。聯繫到「引」字來論呼吸，則引爲吸、爲蓄，在於能自然地提得起、拿得起人。因此，在神形上必須沈著、輕靈，在呼吸上必須順暢、自然，並使意、氣、勁三者合一，做到「意到、氣到、勁自到」。

《十三勢行功心解》說：「以心行氣，務令沈著，乃能收斂入骨；以氣運身，務令順遂，乃能便利從心。」又說：「全身意在精神，不在氣，在氣則滯。」這些話都強調以意識支配動作，而著法動作又與呼吸、勁力能自然地合爲一體。所謂「呼吸開合，著著有勁」，就是指後者的自然配合，協調一致。如此始可言「以意運氣」、「以氣運身」。反之，若一味鼓氣以發力，那就成了「以力使氣」了。

此外，蓄勁、蓄勢尤須講究神清、氣斂、身穩，這三者又是相互關連的，氣斂到神清、身穩，氣散則神迷、身亂。這是在推手運動中所必須注意的。

㈢

〔原文〕鬆開我勁勿使屈（中有靜字）

〔淺釋〕「鬆開我勁」，這是指拿定對方勁的瞬間，要使自己全身肌筋骨節盡量放鬆，而不可緊張和僵滯，因爲全身肌筋放鬆，則下一步發勁時收縮度大，這樣爆發力就大。與此相反，如果肢體不鬆，這時拙力僵勁滯留於筋骨血脈之間，未發勁就難以順應對方來勢，一旦發勁更是「力大勁小」，爆發力微乎其微。原因是該鬆柔時不鬆柔，以致在剛發時肌筋的張弛差不大，爆發力自然也大不了。所以，在發放前的一「拿」，特別強調一個

「鬆」字。不過，雖鬆開我勁，但「拘意莫鬆」在意識上是不可鬆懈的。

「勿使屈」一說是要鬆開我勁，但勿使之軟屈。即要求鬆柔而不軟屈，否則反被對方乘機侵進。另一說是勿使對方轉化爲屈蓄，否則就使我失去了「得實」的良機。若從全句文理分析，則以前者爲是。

［原註］「中有靜字」。靜，即心靜。《五字訣》說：「一曰心靜：心不靜，則不專，一舉手前後左右全無定向，故要心靜。起初舉動未能由己，要息心體認，隨人所動，隨屈就伸，不丟不頂，勿自伸縮。彼有力，我亦有力，我力在先；彼無力，我亦無力，我意仍在先。要刻刻留意，挨何處，心要用在何處。須向不丟不頂中討消息。從此做去，一年半載便能施於身。此全是用意，不是用勁。久之，則人爲我制，我不爲人制矣！」

鬆字中有靜字，這就將「鬆」、「靜」二字聯結在一起了。其目的都是爲了拿住彼勁，得實而發。得實即得機。拳諺說：「機勢瞬息變，遲疑必失機。」又說：「機勢一失掉，空有兩手巧。」所以，在這一刹那間的關鍵時刻，全賴體鬆心靜。心不靜則意不專、體不鬆；反過來說，體不鬆，也會影響心靜意專。

太極推手中的借力，主張「後人發，先人至」，所謂『彼無力，我亦無力，我意仍在先」，指的是對方勁力虛柔而有備，則我也以虛柔無力對待之，即「彼不動，己不動」，大家不發勁。但我的意識仍須領先。意識領先，當然要格外心靜，借以息心體認對方勁力剛柔的變化。「彼有力，我亦有力，我力在先。」也即「彼微動，己先動」，達到「後發先至」的目的。要做到這一點，就更要注意「鬆」、「靜」二字。實踐證明：虛柔之勁易於相接，對方突變，若我應之不及，又何能在其微動瞬間使我力在先？說明要在對方勁勃然發作之前，就能感知其預兆，這是必須從多方面來進行訓練的。但就知覺運動來說，心靜則聽勁聽得眞切，體鬆則感知銳敏。這樣就有利於隨人之動而動，做到隨屈就伸，後發先至。

(四)

［原文］放時腰脚認端的（中有整字）

［淺釋］放，勁力的發放，即放勁。凡得機得勢，即可發勁。對方向前

用力打來、按來，我可放捋勁、挪勁或挒勁；對方向後抽身，我可順勢用擠、按等勁別發放；對方猛發採勁，我可順勢還以靠勁。但隨機應用，變化無方。常法雖可用文字列舉一二，而變法是不克備述的。總起來說，關鍵在於發放時周身上下相隨，專注一方，以腰為軸，腳為根，全身勁力務求完整一氣，而不可有絲毫散亂不正的現象。「認端的」，認，識別，識記。端，端正，端然不傾倚的樣子。的，尾助詞，因押韻關係而加上去的。所以，不可把「端的」當作「果然」或「究竟」來解釋，否則就解不通了。

〔**原註**〕「中有整字」。整，即勁整。《五字訣》說：「四曰勁整：一身之勁，練成一家，分淸虛實。發勁要有根源，勁起於腳根，主於腰間，形於手指，發於脊骨。又要提起全副精神，於彼勁將出未發之際，我勁已接入彼勁，恰好不先不後，如皮燃火，如泉湧出。前進後退，無絲毫散亂。曲中求直，蓄而後發，方能隨手奏效。此謂『借力打人、四兩撥千斤』也。」

這段話把發勁的要領講得很透徹了。發勁時要求勁整，所謂「周身合下成千斤」，但關鍵仍在於腰腿有功。接勁，又稱「拿勁」或「捉勁」。這不是指一般的勁力相接，而是專指對方將發未發勁之際，把我勁接入彼動，借力發放。這在術語上也叫「拿勁」，就像拿住東西一樣地「拿」住對方的勁。拳諺說：「接勁如落榫：一對準，二吃牢，三落實。」這樣發放似乎萬無一失了，但借方發放只在一剎那間，如火候掌握不好，就反而被人借力發放了。

㈤

上引跋文所談到的「四不能」，便是要求：「內外合一，周身一家」，這也可歸結爲一個「聚」字。「四不能」中就有「精神不團聚者不能」一語。《五字訣》中說：「五曰神聚」：上四者（按：指靜、靈、斂、整等四字）俱備，總歸神聚。神聚則一氣鼓鑄，練氣歸神，氣勢騰挪，精神貫注，開合有致，虛實淸楚。……能懂開合，便知陰陽。到此地位，功用一日，技精一日，漸至從心所欲，罔不如意矣！」

這說明在推手發放的全過程中，就是要貫徹心靜、身靈、氣斂、勁整、神聚等五字要求，五者是缺一不可的。進而也證明了上引這兩首拳訣的關係是十分密切的。不但兩者在寫作次序上相繼而成，而且在理論的提煉和昇華上，也有其較爲直接的進階關係。

《五字訣》與《撒放密訣》一樣，是很受太極拳愛好者所推崇的，它對於今天太極拳走架和推手運動，仍有著深刻的指導意義。

五、結　語

《撒放密訣》的「擎、引、鬆、放」等四字，若探究其實質，乃是傳統太極推手「化、引、拿、發」等四個要點的另一種說法，因爲太極推手在理論原則上，是不能不化而發的。化和發兩者是相反相成的對立統一體，它在太極推手運動中是缺一不可的。化中有引，故「引」屬「化」；發前有拿，故「拿」屬「發」。

《撒放密訣》作者則用「擎、引、鬆、放」四字，通過歌訣並結合《五字訣》來闡發這四個要點，自有其獨到的眞知灼見。例如：化必擎而化之，則掤勁不丟，借力也易得手；引必結合蓄勁，使火候恰到好處；拿要鬆、鬆爲得實發放。諸如這類精義，往往是人們所容易忽略的。由此說明，這首拳訣不但具有歷史價值，同時還具有很好的實用價值。《五字訣》和《撒放密訣》，無疑是李經綸在繼承師傳的基礎上，身體力行，積二十餘年之功，獲得的實踐經驗。特別是在他生前的最後十一年裡，還對其著作中個別字句作了潤改，並補充了跋文。這正如其侄孫李福蔭所說：「先伯祖精求斯技，歷四十年，……著遂屢有删改。」他的這種嚴謹治學和治技的精神，是值得後人學習的。

我國古代拳術歌訣，言簡意賅，易誦易記，便於傳抄和教學。其優秀的作品，向來爲古今拳家所分外珍視。倘若能在武術教學過程中，講解與應用得體，往往可收到功倍事半之效。

清代陳品三《搗手十六目》淺說

一、《十六目》及其原文

《十六目》原名《搗手十六目》，爲河南溫縣陳家溝陳氏十六世陳鑫（字品三，一八四九～一九二九）所撰。搗，音ㄎㄚ又音ㄐㄧㄝˊ。《說文》註：「刮也。一曰撻也。」撻，鞭撻之「撻」，亦即打也。太極推手在明清時期曾被稱爲「打手」或「靠手」，而此處「搗手」與「打手」義同，與「靠手」音近。後者有可能爲音傳和義衍而產生的別名。

《十六目》原載於陳鑫著《陳氏太極拳圖說》的書稿中，後爲陳子明《陳氏世傳太極拳術》（一九三二年上海版）、陳績甫《陳氏太極拳匯宗》（一九三五年南京版）、王新午《太極拳法實踐》（一九五九年陝西人民出版社初版，實爲一九二七年王著《太極拳法闡宗》一書的修訂本）等書所輯載。

不過，王新午《太極拳法實踐》一書所輯錄的只有十四目，題名被改爲《推手應注意各點》（以下簡稱爲《各點》），正文文字也稍有出入。可能因輾轉傳抄所引起的差訛，或者是有意識地予以潤改所致。

《十六目》是以「較接沾粘，因依連隨，引進落空，得打疾斷」等四言四句十六字爲要目，原作者並對這十六字逐一銓解如後：

1、**較**：較量高低。

2、**接**：是兩人以手相接也。

（沈壽註：《各點》「相接」作「相搭」。）

3、**沾**：是手與手相沾，如「沾衣欲濕杏花雨」之「沾」。

（註：《各點》「相沾」作「沾住」。）

4、**粘**：如膠漆之粘，是人既沾我手，不能離去。

（註：《各點》作「……是人既粘住我手，則不能脫。）

5、**因**：是因人之來。

6、**依**：是我靠住人身。（註：《各點》「人身」作「人之身」。）

7、**連**：是手與手相連接。

8、**隨**：是隨人之勢以爲進退。

9、**引**：是誘之使來，牽引使近於我。（註：《各點》作「牽引誘之使來」。）

10、**進**：是令人前進，不使逃去。（註《各點》無「不使逃去」四字。）

11、**落**：如落成之落，檐水下滴於地；又如葉落於地。（註：《各點》作「如落葉之落」。）

12、**空**：宜讀去聲。人來欲擊我身，而落空虛之地。（註：《各點》作「是空虛處」。）

13、**得**：是我得機得勢。（註：《各點》作「得機，得其機勢」。）

14、**打**：是機勢可打，乘機打之。（註：《各點》作「即擊即就也。我既得勢，不可失時，得打就打。」）

15、**疾**：是速而又速，稍涉延遲，即不能打，機貴神速。（註：《各點》無此目。）

16、斷：是決斷，一涉游疑，便失機會，過此不能打矣！（註：《各點》無此目。）

以上原文是以沈家楨、顧留馨編著《陳式太極拳》一書所輯錄者爲依據（見人民體育出版社一九六三年十二月初版第三二〇頁）並與王新午《太極拳法實踐》一書所載《推手應注意各點》一文作出校勘，凡兩者不有同之處便加註於句後的括號內，以供大家對照參考。序號也係筆者所加。

此外，《各點》的「十四目」依次爲「較接沾因，粘依連進，隨引落空，得打」。說明該書將《十六目》原著改變次第後，各目已經連接不成文句了。但其銓解的內容，主要是作了一番精簡潤改，在文義上倒也沒有多大的出入。

二、《十六目》與《打手歌》

《十六目》文字通俗易懂，其中「沾、連、粘、隨」和「引、進、落、空」等八個字，係源出清代王宗岳《打手歌》「引進落空合即出，沾連粘隨不丟頂」句。說明《十六目》是陳鑫在闡發《打手歌》精要的基礎上，結合作者自身的實踐經驗撰寫而成的。就其內容而言，實爲「推手十六字訣」，也即推手十六字要領及其註釋。因此，讀者在研讀《十六目》時，最好能與七言六句的《打手歌》一並深入探究。

《打手歌》的原文爲：

掤捋擠按須認眞，
上下相隨人難進。
任他巨力來打我，
牽動四兩撥千斤。
引進落空合即出，
沾連粘隨不丟頂。

以上兩者合璧對照，我們不難看出，《十六目》與《打手歌》一樣，所叙不僅僅是推手技術問題，而且也包含了戰略、戰術問題。它對當前參加太極推手競賽的運動員及教練員，都有著重要的指導意義。文內所列「沾、粘、因、依、連、隨」和「引、進、落、空」等各目，恰恰是當前推手競賽中極待解決「頂、抗、匾、丟」四種毛病的基本方法。

至於「得、打、疾、斷」等項目，則是克服當今推手中運動員頭腦反應不快，爆發力不足，得實不發，坐失時機，以及「拙力僵勁充滿經絡」等較爲突出問題的基本要求了。

當然，要掌握《十六目》所提出的要點，不是一蹴即就的。倘若不經過嚴格細致和經久不輟的訓練，顯然是難以獲得的。

三、《十六目》的譯釋

《十六目》文字淺近，對於久練推手的人，只要結合親身實踐加以探索，自能獲益不淺的。現爲使大家對《十六目》有一個完整的概念，特將全文試作連貫性的意譯如下，僅供廣大讀者參考，並求指正：

與對手較量高低時，雙方首先以手相接。務須遵循「沾連粘隨」、「因依」等要點，運用「引進落空」的戰術和技法，去克敵制勝。在較量的過程中，凡我一經得機得勢，必須立即乘機乘勢而打；打時要做到快疾利索，當機立斷，而切不可失掉火候。此即所謂「機不可失，時不再來」是也！

上述「沾連粘隨」四字是近世太極拳家所公認的「推手四要」，歷代作註釋者甚多，也可參看拙著《太極拳推手問答》一書第五十九題「什麼是推手的『四要』？」（人民體育出版社一九八六年十二月出版）或查閱本書中《清代王宗岳〈打手歌〉淺釋與研究》一文，此處不再贅述。

現著重談談《十六目》中的「因、依」二字的含義。因，依照，根據。「因人之來」意即「根據對方的來勢。」依，依靠。這裡主要是指近身相依，便於用招。總起來說，「因、依」二字乃是說明既要順人之來勢而隨機應變，又要使我全身能兩手能貼近和依靠對方的身體，做到粘依不脫，而不只是兩手能沾能粘，或者僅僅能沾粘對方上肢。這樣功夫就深入一層。拳諺說：「拳不近身是空招。」又說：「打拳不近身，只是瞎胡混！」由此也可看出，「因、依」二字的確是非常重要的。

至於「引進落空」的「引」字，陳鑫自註是「誘之使來，牽引使近於我。」也就是有意識地引誘和牽引對方的肢體，但又不可使對方察覺。凡能引進至恰到好處，就既使對方大力落空，又可隨手發放使其身軀失重並落入空虛之地。

這裡包括了對來力的一補一瀉，既瀉其大力，使之無法打到我的身上；又補其已迷失方向之力，使之失重跌仆。而在引進落空的全過程中，「牽引使近於我」是個極爲重要的關鍵。

有的人不明「牽引」，而愛作遠距離發放，往往放人不遠，卻又易被人乘隙反攻和搶攻得逞。因爲不牽不引，對方重心就處於相對穩定之中，加上彼身距我較遠，在不近我身的情況下發放，造成我「力臂」較長，那時我發放的力量就相對地變小；且由於力臂伸展較長，不僅身軀易向前仆出，而自身暴露的空子也會多一些、大一些。所有這些，也就是武術術語中所說的

「破綻」，這無疑是推手的大忌了。故特作補充解釋，借以引起太極推手愛好者的重視。

陳鑫在世時，曾潛心致力於豐富太極拳理論，以充實中華武術文獻寶庫。因此，對於他傳世的著作，如《陳氏太極拳圖說》一書，無疑是值得我們去探討和研究的（該書原由開明印刷局在一九三三年出版發行；一九八五年一月，上海書店又據此版本影印出版）。

第二章

太極拳研究隨筆

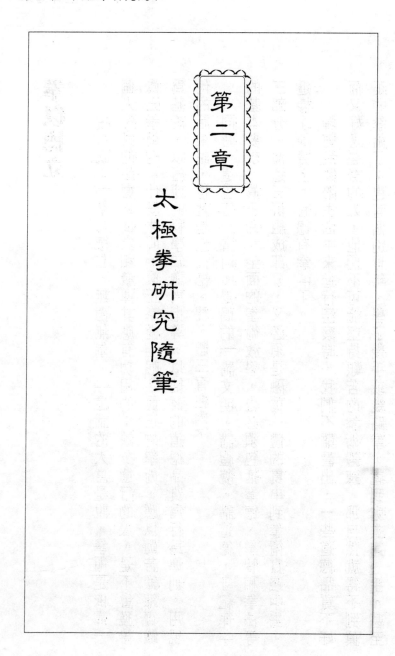

拳以德立

古人說：「拳以德立，無德無拳。」這話的大意是說，拳術是依靠一個人優良的品德來樹立和發揮其應有功用的；缺少德行的人，是不會獲得眞正拳術的。什麼才叫「眞正拳術」呢？眞正的拳術，應以勤苦鍛鍊實踐爲基礎，以廣博的科學知識爲指導，以純眞的道德品質爲行爲準則。用現代的話來說，也就是包括德、智、體三育在內了。

同時，這也符合當前所提倡的「講文明，講禮貌，講道德，守紀律」的基本要求。眞正的、全面的拳術教學，也必須包括拳德、拳智和拳法等三部分。而這三個組成部分，又必須是融爲一體的貫串到拳術實踐中去，這樣才談得上「有德有拳」了。

聯繫到實際生活中來進行觀察時，我們不難看出，一些道德品質不好而又好逸惡勞的人，他們不可能堅持艱苦的拳術鍛鍊，那自然就得不到眞正的拳術了；也有個別青年，學了幾手或幾路拳，就到處去露一手，甚至恃強凌弱。這樣遲早會碰壁，甚或觸犯法律的。

常言道：「自古拳術三大用，強身、療病兼防身。」其實，拳術的功用還遠不止這麼三項。其他如文化娛樂性、表演藝術性、體育競技性，以及軍事、公安部門搏鬥擒敵的實戰性等等，都是我們所熟知的。但不同專業，在應用上是有所側重的。說到底，拳術既是一種「工具」，又是一種教育的內容。作爲「工具」，我們應掌握它來爲提高人民和自己的健康水平服務；作爲教育內容，就要把「授人以德」放在第一位，其次才是理和法的傳授。惟有如此，才有可能培育出既有道德，又有技能的武術人才。因此，在武術教學中，一定要「教拳先教德」，強調「拳以德立」和「武德潤身」。這正是當前「武術熱」和在武術領域開展兩個文明建設宣傳教育中的重要內容。

談到我們的拳德，自當以熱愛社會主義祖國爲第一義，端正自己學習拳術的動機和方向。同時，也要尊師友，明拳理。愛國家，不做絲毫有損於我們國家和社會的事。能尊重老師、拳友，則老師甘於悉心傳授，拳友樂於相互切磋，共求提高。能追求拳理，則不會囿於一手一法，或「夜郎自大」、固步自封，這樣進步就快。當然，這些都離不開自己勤苦的鍛鍊實踐。所謂「拳藝無止境，實踐出眞功」，這句話是一點也不假的。正因爲如此，自古以來，拳藝是「強中還有強中手」的，有不得半點驕傲啊！

青少年學了拳，往往想與人比試一下，檢驗一下自己的本領有多大。這種想法不可簡單精暴地斥責爲「好奇」或「幼稚」，應該適當地予以引導，導向正路。因爲今天的拳術是一種民族體育項目，比試有正、邪的兩條路：正路就是適當開展正常的、有安全保障的武術競技活動，達到既能活躍生活、娛樂身心、增強體質，又能增進友誼，提高拳藝水平的積極目的；邪路就是參予不正常、有害於身心的比試，甚或到處亂闖，鬥狠逞強。後者若再加上「哥兒們的江湖義氣」，那就接近於流氓阿飛行爲了。這是爲師爲徒所不可不切實警戒的。

此外，對於武林民間傳說或封建時代的武術故事，要有分析能力。作者固然應該去粗存精，去僞存眞，以健康的作品奉獻給廣大讀者；而讀者也宜細辨眞僞，批判對待，而不可囫圇吞棗。有的報刊、文章中，不恰當地誇大了拳術的作用。至於新舊武俠小說之類的文藝創作，那就更不能當作武林眞人眞事來看待的。有的人認爲：古代拳家爲了自衛，點穴制人，當對方送禮求治，又把他治好，並教訓一頓，這就屬於「武德」一類的故事。因此，曾有位讀者給我來信詢問如何點穴，傷了人如何把他治好。我認爲這是對武德的一種曲解；更何況古今有別，今天的防身又何必要點穴傷人呢？有的人認爲找高明的老師，要先打一下老師來檢驗他的眞本事。

這不僅在今天行不通，即使在舊時代也未必行得通。拳諺說：「師父領進門，修煉在個人。」特別是經驗豐富的拳師，大都是上了年紀的。然而「英雄出少年」嘛！其經驗總是自動或長期積累起來的。求師者打上門來，姑且不說是否合乎拳德，而有眞才實學的教師，能否輕易地同你比試和亮相呢？你未入門就冒犯老師，且不說老師能否接受你這位「高徒」，而他的學生倒會把你誤作流氓阿飛來懲罰的。回到今天來說，恐怕也很少有人會樂於接受打上門來的學生的。

總而言之，今天的中華武術運動是高尙的體育項目，可不能再硬搬舊武俠小說中「不打不相識」一類的俗套了。「拳以德立」這句格言無疑是重要的。

淺談太極拳的「用意不用力」

一、「全是用意，不是用勁」

書法講究筆力，舉法講究勁力。不過，書學有強調「用筆之力，不在於力」的，而太極拳學恰好也是十分強調「用意不用力」的。

太極拳名家楊澄甫先生（一八八三～一九三六）曾在《太極拳術十要》中把「用意不用力」列爲「十要」之一，並作了詳盡的闡釋。他說：「太極拳論云：此全是用意不用力。練太極拳全身鬆開，不使有分毫之拙勁，以留滯於筋骨血脈之間以自縛束，然後能輕靈變化，圓轉自如。」有的人認爲「用意不用力」這話是楊澄甫所創說的，而且是只限用於養生的。其實不然。

楊澄甫所引「此全是用意不用力」，語出清代李亦畬（一八三二～一八九二）《五字訣》的「心靜」條目，全段原文爲：「一曰心靜：心不靜，則不專，一舉手前後左右全無定向，故要心靜。起初舉動未能由己。要息心體認，隨人所動，隨屈就伸，不丟不頂，勿自伸縮。彼有力，我亦有力，我力在先；彼無力，我亦無力，我意仍在先。要刻刻留意，挨何處，心要用在何處，須向不丟不頂中討消息。從此做法，一年半載便能施於身。此全是用意，不是用勁，久之，則人爲我制，我不爲人制矣。」如今我們若把《十要》與《五字訣》合璧對照地研讀，就可明白：「用意不用力」是太極拳所固有的理論，並非楊澄甫所創說的，也絕不限於養生之道。

上引《五字訣》就是從太極推手和散手技擊應用的角度來解說的。所謂「息心體認」、「刻刻留意」，都是強調用意，而在古今太極拳理論中，是無不分外注重用意的。

當然，楊澄甫《十要》在闡釋「用意不用力」時，是在繼承的基礎上有所發展的，尤其是運用祖國醫學經絡學說來加以論證，如：「或疑不用力何以能長力？蓋人身上有經絡，如地之有溝洫——溝洫不塞而水行，經絡不閉則氣通。如渾身僵勁充滿經絡，氣血停滯，轉動不靈，牽一髮而全身動矣。

若不用力而用意，意之所至，氣即至焉。如是氣血流注，日日貫輸，周流全身，無時停滯，久久練習，則得眞正內勁，即《太極拳論》中所云：『極柔軟，然後能極堅剛』也。」這一解析，在當時無疑是頗具新意的。同時也說明，懷疑「不用力」無以長力、無以致勝者，在當時就很普遍。

對他所說的「不用意而用力，最易引動，故不足尙也」等語，持反對意見的人就更多了。

二、是不用力，非不要力

然而有不少人是把「不用力」與「不要力」混爲一談了；有的人則是撇開了「用意」來談「不用力」，認爲既然強調「不用力」，那麼又何來「彼有力，我亦有力，我力在先」？在他們看來，「不用力」就沒有力了，就變成「軟手」了。其實，「用意不用力」，是指用意識去支配行動，若是推手，那便是「挨何處，心要用在何處」，做到「隨人而動，隨屈就伸」，而不要把意識片面地傾注到用力上去。因爲意識傾注於用力，則動作容易僵滯，這時呆力強大而轉動不靈，不但難以充分發揮太極拳「四兩撥千斤」、「以小力勝大力」的技巧，而且即使從養生保健和醫療效果上考察分析，也是不利於促進氣血暢活的。

但以上所說的「不用力」，說的是意識的關注問題，而不是不要講究勁力。拳諺說：「意到則氣到，氣到則勁自到。」既然如此，那就只須「以心行氣」、「以氣運身」，而不必刻刻留心於自己的用力方面。因為勁力是隨著招法而生的。當然，這必須是積功而成的。

三、柔中寓剛，綿裡藏針

至於太極拳的勁力，似可用十六個字來概括，即「以柔為主，外柔內剛，柔中寓剛，剛柔相濟」。歷代太極拳家在勁力問題方面曾有過不少精闢的論述，如楊澄甫《太極拳之練習》說，「太極拳，乃柔中寓剛，綿裡藏針之藝術……」；再如《太極指明法》說，「用勁不對，不用力不對，綿而有剛對」。但這裡的「不用力」，顯然是指「柔而無剛」而言，所以是「不對」的。這要從上、下句作全面的辨析，而不可斷章取義。換言之，上文「用意不用力」是正確的，而此處指出綿而無剛的「不用力不對」，那也是正確的，兩者並無矛盾。因爲前者是指意識貫注之意向，而後者是指勁力之剛柔，所說的不是一碼事。

四、力強十會，巧破千斤

楊澄甫先生還在《太極拳使用法》一書的「雜說」一章中說：「有說一力強十會——有理，我說一巧破千斤——不錯！」

近年來，在太極推手競賽中，常見一些人由於訓練不足，以致頂、抗等毛病嚴重。在兩力相抵的情況下，自然是力大者勝。這樣力大的選手一時得勢，「一力勝十會」的說法，又引起許多太極拳愛好者的重視。我們並非不要有此「一力」，而是相對地注重於「一巧」。同時，此一力務須是活力、內勁，而不可是「牛力」、拙勁。

「雜說」云：「不要懼牛力，巧內功不能勝大力者何必練拳?!千斤落空無所用矣！」此足以說明，太極拳還是主張「尙巧不尙力」的。不過，卻不能因之認爲太極拳是不要力的，否則把相對的道理加以絕對化，那眞理也就立時變爲謬論了。至於力的性質，那更須判明，因爲我們所要的是太極內勁，而絕非拙力僵勁。

五、「用筆之力，不在於力」

最後，我們從古代書學中也可找到相類似的論說。古人說：「他山之石，可以攻玉。」書法與拳法雖分屬文事與武術，但古來各種技藝。在某些基本原理方面是不無相通之處。而歷史悠久的書學，對著書立說較遲的拳學來說，啓示尤多。

如林韞在《撥鐙序》中說：「盧肇謂林韞曰：子學吾書，但求其力耳。殊不知用筆之力，不在於力；用於力，筆死矣！」這席話與太極拳的「用意不用力」的主張豈不恰合?!

宋代書法名家米芾《海岳名言》說：「世人多寫大字時，用力捉筆，字愈無筋骨神氣，作圓筆頭如蒸餅，大可鄙笑！要須如小字，鋒勢備全，都無刻意做作乃佳！」這裡所說的「筋骨神氣」和「鋒勢備全」，都體現著自然流露的內在勁力，也即「筆力」。但決不是靠「用力捉筆」或「刻意做作」所能取得的。因爲越用力，筆越死；筆越死，筆力越弱，結果就不免弄巧成拙了。

上述古代書法家的經驗之談，不亦有助於我們領悟太極推手和散手的用力問題麼！

淺談太極拳法與書法的抑揚頓挫

俗話說：「隔行如隔山」。這說明行業不同，技術等要求也大不相同。但又說：「隔行不隔理。」拳諺則說：「書法、拳藝兩相通。」這顯然是因爲「隔行不隔理」的緣故了。難怪武術界愛好書法的人著實不少哩！本文就著重漫談一下太極拳法與書法的「抑揚頓挫」。

武術之講究抑揚頓挫，既可與唱戲作對比分析，也可以書法中獲得借鑒和教益。古今書學著作中談到「抑揚頓挫」的地方極多，如明代解縉《春雨雜敘·論書法》說：「若夫用筆，毫釐鋒穎之間，頓挫之，鬱屈之，周而折之，抑而揚之，……」倘使我們把拳法動作與書法用筆對照研究，就可以明白，這兩者所用的「抑揚頓挫」，其含義基本上是一致的。

「抑、揚」二法，是比較容易理解的，如太極拳攬雀尾的按式，雙手先作向裡、向下沉抑帶化的動作，然後向外、向前按出。這樣就構成了拳法上的一抑一揚。書法用筆，能抑揚得法則筆力自然雄健。拳法也如此，發勁時只揚不抑，蓄勢、蓄勁就不充分，也難以利用對方的反作用力。因此，儘管主觀用力極大，但在客觀上卻表現爲一種缺少「筋骨神氣」的呆力，達不到應有的效果。這在太極拳術語上叫做「力大勁小」。

傅鐘文老師教推手的擠勁發放，也是先用手向裡、向下微微地引化一下，引至恰到好處時，迅即向外用擠勁抖發。這也屬一抑一揚。但火候是頗有講究的，確非親身參與推手實踐者所能體會的。

「頓、挫」二法，在書法上也是非常重要的。至其要點，蔣驥在《續書法論》中說：「短頓則精神完固，不可重滯；知挫則骨節靈通，不可拖沓。」拳法與書法一樣，頓法也不可重滯。太極拳更有「似頓非頓」的要求，否則在推手時易爲人所乘。

至於挫法，《續書法論》說：「挫者，頓後以筆略提，使筆鋒轉動離於頓處，有橫、有直、有轉，看字之體勢，隨即用收筆，或又用頓筆運行。」又說：「蓋點畫用挫，則筆意不周；勾趯用挫，則法無不到。」通俗地說，勾趯一頓之後的那個「尾巴」，就是靠挫法挫出來的；而其餘頓法之後也有一挫，但不一定都露出可見的「尾巴」。太極推手的一頓一挫，最易動搖對方的重心，這是由於挫法勁短，又能突然轉變方向，令人猝不及防。但當前精於挫法的人是不太多的，這就像《續書法論》所說的「頓字易曉，挫法難明」了。

這裡必須說明的一點是：抑、揚、頓、挫是四種不同的方法，而不是兩種方法。但由於抑、揚、頓、挫往往配對應用，所以容易被誤認爲是兩種方法，就其基本方向而言，抑向下，揚向上；頓略沉，而挫法卻「有橫、有直、有轉」，是可以轉向任何方向的。因此，不只限於抑揚、頓挫配對合用。根據隨機應變，往復折迭的原則，抑、揚、頓、挫都可合用。

如清．武禹襄（一八一二～一八八〇）《十三總勢說略》云：「有上即有下，有前即有後，有左即有右。若將物掀起，而加以挫之之力，斯其根自斷，乃壞之速而無疑。」文內「掀起」也即「揚起」之意。

從詞義上說，抑是低伏，揚是高起，頓是停頓，挫是轉折。之所以說「武術和唱戲一樣，講究抑揚頓挫」，乃是指武術在動作節奏與技擊方法上，同樣存在著類似唱戲或書法上的高低起伏、停頓的轉折。這也就是本文開篇所說的「隔行不隔理」。

淺談「倒攆猴」治腰痛

一九八三年《世界體育參考》介紹倒行可治腰痛，國外體育治療專家發現：「每天做一定時間的倒行，可以治療腰肌勞損之腰痛。」據筆者考察認爲：太極拳家和中醫學家，應用太極拳中的「倒攆猴」式退著走來治療腰痛，已有悠久的歷史了；而且是不限於治療腰肌勞損之腰痛的，對一般勞倦內傷和身體衰弱引起的慢性腰痛，也是適用的。已故陝西中醫師王新午，在其編著的《太極拳法實踐》中談到，根據臨症醫療證明，專練太極拳中「摟膝拗步」與「倒攆猴」二式，是能治癒腎腰酸痛的。

倒攆猴又名「倒捲肱」，是太極拳中惟一「退著走」的拳式。而摟膝拗步的轉腰幅度較大，若與倒攆猴配合一進一退地往復練習，則能更好地發輔助醫治腰痛的作用，又能提高鍛鍊的情趣，克服「只退不進」和「一式獨練」的單調感。

退著走的練習方法是：「選擇一條平坦、行人少、空氣好的道路，一步一步向後倒行走，每次約二十分鐘，每天早晚各一次。」（見《世界體育參考》）而單練倒攆猴，或者單練倒攆猴與摟膝拗步二式，是採取循序漸進的辦法，即：從十幾遍、幾十遍遞增至一、二百遍，再逐漸遞減至十幾遍，並以遞增、遞減一次作爲一個療程，大體上需半個月時間。但在實際練習過程中，也允許自行調節運動量與運動強度。總的要求是：「掌握要領，勤於練習，量力而爲，適可而止。」並在每次鍛鍊後，以自我感覺良好，特別是腰部舒適，疼痛緩解、減輕或消失爲準、爲效。必要時也可配合其它諸如藥物、按摩、針灸等療法進行綜合醫治。

退著走爲什麼能治腰痛？外國體療專家認爲：「倒行時腰背部的肌肉比前行時有較大的、有規律的收縮和鬆弛，致使腰背肌肉的血液循環加快，改善腰背肌肉的營養供應，從而使勞損的腰肌得到恢復。」若以祖國醫學中導引學的醫理來解說，則可認爲：腰椎部位的左旋右轉，可起到利滑腰脊、疏通經絡、調和帶脈、暢活氣血以及壯腰固腎等作用。這樣，既能逐漸增強體質，治癒慢性腎虛腰痛，同時也有破淤、活血、舒筋等功效，因而也會使腰肌勞損及其所引起的疼痛症狀逐漸消失。

第三章

太極拳與氣功

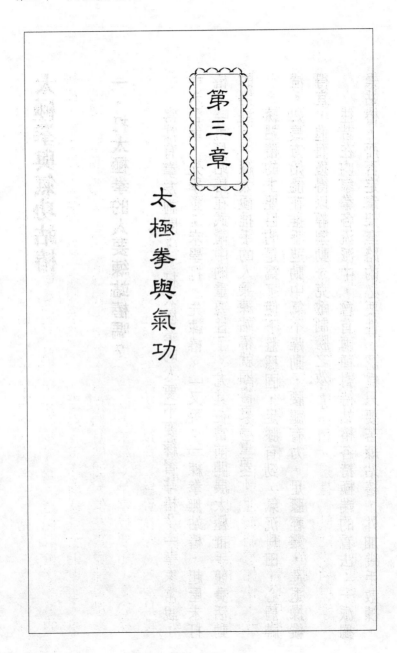

太極拳與氣功站樁

一、打太極拳的人要練站樁嗎？

常常有拳友詢問：「打太極拳的人要不要練習站樁？」拳家常說：「未習拳，先學步；未學打，先練樁。」又說：「練拳無站樁，起屋未打樁。」可見站樁在武術中的重要性了。尤其在當前開展太極推手競賽活動的情況下，練太極推手的人兼練站樁就顯得更爲重要了。

練站樁的主要目的是爲了使下盤穩固，足膝有勁，氣沉丹田，心靜神清。如是方始能在推手運動中氣不躁動，腰腿有力，足膝輕靈，進退操縱得宜，進而獲得以靜禦動、克敵制勝之效。

往昔在內家拳各流派中，曾有兩種對待站樁各持極端的看法：一派獨崇站樁，而否定拳架套路的必要性，認爲只要苦練站樁，外加幾手散練，就足以對付敵手，制勝於人了，並認爲拳架套路是束縛人的，無益於實戰。另一派則認爲「站樁無用」，它只會使人失去腰腿的靈活性，有礙於實戰。

我們認爲：這兩種說法都或多或少地帶有片面性，我們主張把站樁和走架有機地結合起來，在練拳之前，適當地練習一下站樁。這樣不但能促使下盤穩固，而且有安定心神，調和氣血，促進新陳代謝等作用。它不論對提高健康或技擊水平，都是有益而無害的。

二、打太極拳的人怎樣練站樁？

我在拙著《太極拳入門》第四章「樁功」中說：「站樁的種類很多，習太極拳的人，一般只練渾元樁一式就行了。」

渾元樁，一作「渾圓樁」，又有「抱雲樁」、「雲門樁」、「養氣樁」等異名。其襠步成二字馬步，或作八字馬步。具體方法如下：

兩足並行開立，與肩同寬，或比肩稍寬。兩足尖指向正前方，或略成八字。兩腿屈膝下蹲，初學或體弱者，可採用稍微屈膝的「高樁」；久練者應採用大、小腿之間彎成一百三十五度角左右的「半樁」。重心放在兩腿

圖一

之間，足心含虛，全足踏實。上體自然正直，頭頂起、襠落下，精神提起，含胸拔背，沉肩墜肘，尾閭中正，立身安舒，其身法基本要領與太極拳架全然相合。

在屈膝下蹲的同時，兩手由兩側回環上提，環抱於胸前。使兩掌心與乳心遙遙相對，中間相隔一橫拳半。兩手十指和掌心也遙相對應，兩手指尖之間，相距一橫拳左右。兩掌心朝裡而略爲朝下，腕根塌沉，掌心含虛。兩肘須略低於腕部，並用意裡裹。全身務須有下沉的氣勢。

這種兩臂環抱的站樁姿勢，在技擊意義上含有「守中」的意思。即：以頭頂百會穴至襠下會陰穴一線爲中心線，使全身重心自然地落在兩足之

十指相對中距一橫拳

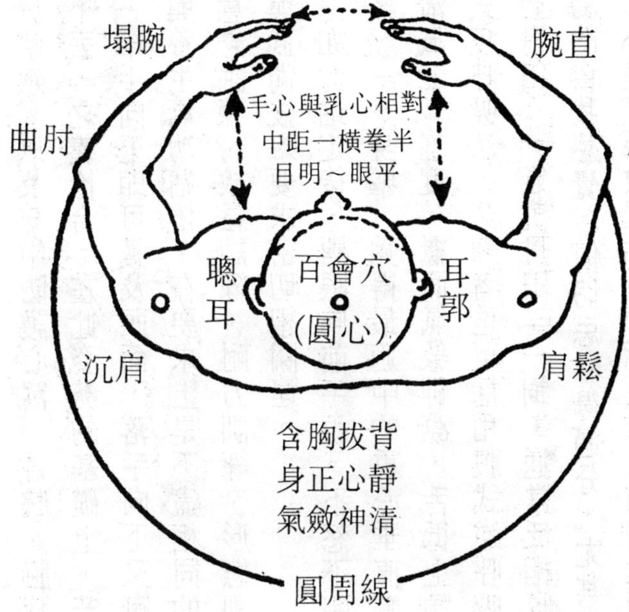

圖二

間的中心，這樣，身法與襠步自然正中安舒，穩定性好，其所以置兩臂、兩手於圓周線上，乃是含有防禦和待機反擊、搶攻之攻守意識。因此，腋窩要虛，而兩脇空隙相對地要實。

兩腋虛，則臂部彈性充足，伸縮餘地較大；兩脇實，則邊門不易受侵。但腋虛脇實是結合兩臂、兩肘來說的。兩臂既要用意外撐，又要用意裡裹，這是有意識在鍛鍊兩臂的掤撐之勁，兼含待機掤發擊敵，以及守中防護心窩、胃脘、脇腋等部的職責。這與太極拳「掤勁不丟」之義恰合。在此姿勢的基礎上，若一旦化靜為動，那只須以肘為軸，舉手向上即可護及頭面，落手向下又可防守襠膝。這充分說明武術站樁與養生氣功站樁，在要求上是不盡相同的。突出地表現在武術站樁的心理意志訓練、放鬆訓練、耐力訓練、形態訓練和呼吸訓練等等，幾乎無一不與武術技擊要求密切相關連。

如此站定後，兩眼向前平視，不怒不閉，息心靜氣，無思無慮。先輕輕搖晃一下身軀，覓得最適中的重心垂直點。然後大口吐出濁氣，以鼻深納清氣三、五度。繼而氣斂神凝，舌抵上顎，以鼻緩緩呼吸。一般可採用腹式正呼吸法，久練者也可採用腹式逆呼吸法。吸氣時氣貼脊背，呼氣時沉於丹田。「氣沉丹田」一詞，通常泛指腹式呼吸法，而這裡也借指腹部鼓蕩的自我感覺。但切忌做得過分，尤其不宜仿效硬氣功表演者那樣把大、小腹肌都收緊貼到脊背上去，須知太極拳主張取法於自然，而不應強硬造作。

初練站樁的人，只須純任其自然地練習，每日一次，每次三、五分鐘；然後根據各人的實際情況循序漸進，逐步遞增至十五～二十分鐘，這樣持之以恆地練習，就會自覺下盤日趨穩實，腰腿有功，丹田之氣充盈，四肢內勁也相應增加。

與此相類似的，而僅僅在手勢上稍有變化的樁式很多，都可統稱為「渾元樁」。例如：

㈠、在上述「抱雲樁」的基礎上，使兩手成握拳式，此即為「抱月樁」。

㈡、在抱雲樁的基礎上，兩手心轉腕外翻，使手心稍向外並遙相對應，如雙手合抱一足球，此即為「抱球樁」。此式兩手拇指指尖朝裡與乳心遙遙相對，中間相隔一橫拳。

此外，輔助樁式常練的有「手揮琵琶樁」，或稱「川字樁」。實即取太極拳「手揮琵琶式」姿勢來練站樁，但每次必須先後練習左、右兩個分式。

三、可否在每次練太極拳之前練一會兒站樁？

完全可以！練站樁不僅能增強腿勁，而且對於充實腰部和襠部功夫，促使下盤日趨穩固，也有明顯的效果，故站樁又名「襠功」。若從保健或體育醫療的角度上說，站樁有調劑身心、改善心態、暢活氣血和促進新陳代謝等作用。而在練習太極拳之前靜站片刻，則能進一步獲得動靜相濟之效。

四、練站樁與打太極拳，兩者之間是否發生抵消作用？

把站樁養氣當作太極拳的基本功之一，在每次練拳之前練站樁，能起到「動靜兼修，內外並練」的良好作用。因此，這兩者是相輔相成的，決不會發生抵消作用。

如在時間或方法上安排得不夠恰當，則另當別論；如有的人練了站樁，卻荒廢了打太極拳；再如有的名爲「站樁」，其實是練導引功（即一種動功）——而太極拳也屬動功，如此各種動功都練，則難免顧此失彼，此所謂「拳多必濫，功多難精」。

五、練站樁會發生偏差嗎？

練站樁不得其法，有可能會發生偏差。因此，最好請有經驗的老師當面傳授。練武術站樁要注意：

1.**循序漸進，切忌貪多**。進功不可太猛，練功時間不可太長，初學時架式不可太低。反之會出現呼吸不順暢、疲倦困乏、煩躁或膝痛等不正常反應。

2.**取法自然，切忌憋氣**。全身關節節節鬆沉，架式自然，重心穩定。呼吸尤須任其自然，若呼吸長期不自然，或初學時就練習多種呼吸方法，就容易引起憋氣、努氣等現象，輕則發生胸悶、頭昏，重則引起岔氣、氣痞或疝氣等症狀。個別人甚至會因氣機紊亂而引起恐慌心理，出現短暫性的類似神經官能疾患的一些症狀。這都是自學站樁者尤須注意的。

3.選擇環境，切忌受驚。入靜時，切忌受驚，否則容易產生不良後果。所以練站樁必須選擇環境寧靜、空氣潔淨和地面乾燥的場所和時刻，尤其要警惕外界噪音或人物、事物等干擾。一般地說，練武術站樁的行功時間較養生站樁爲短，其架式也較低些，而入靜也稍淺些，這樣行動是不易受驚的；但萬一受驚，只要處之泰然，或緩緩收功，做些自我按摩和導引動作，就能使精神很快恢復正常，從而避免發生偏差。初學者每次從一、二分鐘開始，最長以不超過二十分鐘爲宜，久練者（指已練出腰腿勁的人）一般只在練拳前站樁數分鐘即可。

4.持之以恆，切忌懶散。懶散歷來是練拳習功者之大忌。凡練功時馬馬虎虎，一蹲即起；或直膝挺立，不求深功、或不求甚解，不得其法；或一曝十寒，缺乏恆心的人，往往是收效不大，事倍功半或有始無終者。這正是初學者所不可不引以爲戒的，所謂「愼始者可望於終成」也。

站樁須知

初學氣功站樁常有以下幾種錯誤練法，筆者根據文獻記載及個人練站樁功之體會，提出一己之見。

一、直膝挺立：

練站樁應稍微屈膝蹲身，即使是高定位站樁亦應如此。如直膝挺立，容易疲勞，不易耐久，時間一長能引起小腿部靜脈曲張。

二、稍蹲即起：

初學者怕兩腿酸痛，往往一蹲即起。這樣則功效不顯，且有悖於站樁要領。須知站樁，一名襠功，又名馬步。凡襠部不作程度不同的撐圓，就談不上練襠功；凡兩膝不屈，兩腿不蹲，絲毫無騎馬之勢，就失去了馬步之意義。如因病弱，可降低要求，把架式放高，時間縮短。

三、超長站樁：

練站樁，時間不宜過長，那種認爲「站樁時間越長越好」的說法是錯的，其結果會使人勉強硬撐而致偏差。一般初學時，應從二、三分鐘開始，逐漸遞增，第一個月內增至五分鐘，第二個月內增至十分鐘，第三個月內增至十五分鐘，以後就可按個人情況而靈活掌握，但一般能練到二十分鐘左右就足夠了。

四、面壁而站：

有的人練站樁由於聽信某些傳說而喜歡面壁，其實面壁練功，弊多利少。因爲目前練功環境不可能絕對安靜，而牆壁能反射聲波。面壁的人距壁較近，閉目入靜，如外界干擾通過聲波反射，往往易使練功者受驚而出偏差。

五、誤吸廢氣：

目前各大中城市的廢氣公害較爲嚴重，練功者吸氣深，受害遠較不練氣功者爲大。因此，選擇練站樁的時間、地點都要避開廢氣。

六、身僵氣促：

身體僵硬，大多是因站樁時肌、筋、骨節沒有放鬆。這樣站樁十分費力，稍站即腿酸膝痛，困乏難忍，容易造成心煩氣促。所以練站樁必須注意鬆靜自然，做到體鬆、氣順、心靜、步穩。

總之，練站樁要堅持不輟，不要追求近效。只要做好以上幾點，便可功到自然成。氣功站樁流派較多，本文是否恰當，謹請高明指正。

站樁八字要訣（五言八句）

「內家站樁」的八字要領是：鬆、靜、穩、緩、細、勻、合、連。其八字要訣爲：

體鬆心方靜，神凝氣始穩。
息須緩細勻，功宜一氣成。
神形務相合，意氣自然眞。
一時弗貪多，練功貴於恆。

簡釋：第一句有鬆靜二字，第二句有穩字，第三句爲緩、細、勻三字，第四句意含一「連」字，第五、六句占一「合」字。第七、八句則是要求循序漸進、持之以恆。

《氣通三關訣》淺釋

練習站樁的訣要，有《氣通三關訣》一首可供參考。此歌訣爲筆者早年所撰，共七言八句，其原文爲：

起根、順中、達於梢，意到氣到勁自到。
意不在氣氣不滯，氣通三關勁始到。
鬆開肢體十五關，引活氣血是正道。
氣血暢活體自健，白髮老翁勝年少。

現依上述原文逐句淺釋如下：

起根、順中、達於梢：「根」，「根節」；「中」，「中節」；「梢」、「梢節」。全身以腳爲根基，腰爲中軸，頭腦爲最高統帥部。但就人身的主要關節來說，則身軀與四肢又各有三關，合之而爲「十五關」：

㈠、軀幹部分：養生氣功以腦後「玉枕」穴為上關，背部「夾脊」為中關，「尾閭」為下關。內家武術氣功，除沿用上述說法外，但凡等同「三節」的三關，則皆指頸節、腰節和尾節而言。若言穴位，則為頸節的大椎穴、腰節的命門穴和尾節的長強穴。

㈡、下肢部分：以胯為根節，膝為中節，踝為梢節。

㈢、上肢部分：以肩為根節，肘為中節，腕為梢節。

上述「關」、「節」二字在這裡是通義的。這與古代拳論「一身備五弓」之說也是相合的，即：每一張弓都有弓把——稱為中節，而兩頭繫弦之處，則分別其上、下為根節與梢節。「起根、順中、達於梢」這句話，既說明了內氣的運行線路，又強調了行氣時必須順達而勿使阻滯。

意到、氣到、勁自到：即拳諺所說的：「意到則氣到，氣到則勁自到。」凡是上乘拳術，似乎無不重視「用意」，而反對使用拙勁蠻力的。在練站樁時，自然也必須貫徹這一精神。

意不在氣氣不滯：這句指出意念不要貫注於呼吸，否則呼吸就反而遲滯不暢了。

氣通三關勁始到：內氣能通達三關，則內勁才能相應地到達。這裡意、氣、勁三者是相結合的。

鬆開肢體十五關，引活氣血是正道：內氣的周行，在主要關節處最易受阻，氣阻則勁也不暢，所以必須首先「鬆開肢體十五關」惟有如此，方能「引活氣血」。如不走這一「正道」，而採取各種錯誤的練法，那就往往會自傷其身。練功原屬養身之道，倘若自傷其身，豈不有違於初衷！所以必須強調「氣通三關」、「引活氣血」，使全身氣血暢通無阻。常有讀者來信詢問通十五關與通任督的關係，簡言之，若全身十五關皆通，則任、督兩脈是無由不通的。

氣血暢活體自健，白髮老翁勝年少：常言道：「拳功療病道理簡，暢活氣血體自健。」說明練拳習功主要是通過暢活氣血來增強人體的抵抗力，與疾病作鬥爭，並使體質轉弱爲強的。有不少老年人因終年堅持不輟地習練站樁而精力充沛，無病無痛，與一些病弱少年相比，他們無論在精神和體力方面都是占上風的，這是不能不令人欽佩和羨慕不已的。

拳樁因果訣（五言四句）

拳以樁爲根，樁以拳顯神。
樁無拳不靈，拳無樁不穩。

簡釋：拳術以站樁築基，但如只有地基而不蓋房子，那對拳術來說，就無以顯示神奇和應用於技擊、表演等方面，故曰「樁無拳不靈」。至於「拳無樁不穩」句，凡經歷過散手競技的人，在這方面的體會就較深刻：腰腳基礎功夫的優劣，無疑是競技勝負的重要因素。

太極拳與書法運氣

常言道：「書法、拳藝兩相通。」相通，這裡是指在理法上有著可供相互借鑒之處。這就像拳諺所說的「拳、醫相融，一功兩用。」這說明懂拳術的人去學練書法或醫術，都有其便利之處。

近年來，武術界愛好和學練書法的人日益增多，爲此，我願給大家介紹一些簡單易行的運氣方法，並聯繫太極拳經略加評述，以爲讀者研究參考，兼助初學者之雅興與妙趣。

我國古代武術家和書法家都十分注意運氣功夫，往往以此爲不傳之秘而深藏不露。舊武術界流行「傳拳不傳功」的說法，也正是這種保守思想的具體反映。然則運氣的方法並不複雜，且在應用上也不限於書家、拳家，其他如中醫、戲曲、舞蹈、歌詠、雜技等各界，也都流傳著運氣之法。雖然各家的運氣無不結合自身的藝業來加以靈活應用，但其基本原理卻是一致的。

書家、拳家多壽星，如孫墨佛、蘇局仙、吳圖南、劉志清等皆是。這恐怕與他們常年堅持養氣、運氣之法不無關係吧！這些老人，壽臻百歲而猶能作書、打拳，實在令人羨慕！當然，長壽的因素是多方面的，但練書習武和養氣、運氣具有延年益壽的良好功效，這一點是早已被人們的實踐所證實和肯定了的。中國拳法歷來強調以「氣功爲始終之則」，拳諺說：「在外爲拳，在內爲氣」；又說：「外練筋、骨、皮，內練一口氣」，都充分說明了氣功在拳術中的核心作用。

最近，隨著武術和氣功的普及推廣，人們對武術的運氣方法已有所認識和了解，但練習書法也要運氣，知曉的人就不太多了。

一九四三年，陳康在其所著的《書學概論》一書的第二編第四章內，專立「運氣」一節，簡明扼要地記述了書法的運氣方法。他說：「（運氣這步工夫古來少傳，今人也不肯多講。但古代名家沒有不得此秘的。」他特別指出，「運氣的方法，如果精熟太極拳的更易明了」；又說，「不懂太極拳的，可於絕早起床，練習深呼吸運動。在室外空氣清爽的地方，兩足站開，身體平直，用兩掌或左右前後開合。張開胸部時，深深吸入空氣，用兩鼻孔吸，不可用口以致發出氣音：胸部收縮時，便用鼻孔呼出。呼吸均須細長，不可粗促。至少運動十分鐘，則胸部氣滿，意志清新，胸懷即有壯闊之感」。我們可以明白地看出，這只是一般的深呼吸運動。

那麼能否打上一套「慢中求功」的太極拳，來代替這種深呼吸運動呢？這不論從調和氣血、平心靜氣、放鬆肢體、絕慮凝神以及增進健康等諸方面分析，均無不可。不過，這至少作十分鐘的深呼吸運動，還僅僅是書法運氣中的第一步——準備活動階段。

那麼第二步呢？《書學概論》接著寫道：「呼吸運動完結後，仍宜直立，左手叉腰、右手平舉，曲肘如執筆狀：把全身精力，運到右肩，橫直曲折如練書一樣，腦中存著帖上的字，用手再橫直曲折地畫著，以練習手勢。胸部仍然輕微地呼吸開合，如此經過數分鐘，則右手有雷霆萬鈞之勢。」這第二步才是具體地結合書法意想的運氣方法了，似可稱爲「站式運氣階段」。在這一練功階段，本著「先在心、後在身」「意在筆先，筆居心後」的要求，凝神靜思，同時把全身勁力運到右肩，貫向腕根，波及末梢。從而使日後達到：凡書寫一點一畫無不是「意到氣到，氣到勁自到」；倘能全身勁到，則久而久之自能練出龍騰虎躍、鐵畫銀鈎的筆力。

其實，這與打太極拳的運動原理確乎是相合的。傅鐘文老師在《楊式太極拳》一書中說：「至於運勁，也是『先在心，後在身』以意貫於這個部位，意到勁到，意之所注處就有所感覺。這也是『內外一致』的一種鍛鍊方法。」根據意、氣、勁三者合一的拳理，就足以說明這裡「運動」與上文「運氣」的術語，兩者是名異實同的。

所以，書法運氣也要注意肢體鬆沉，而不是相反地渾身緊張和拼命用力；否則勁力壅塞於肩、背或肩、肘之間，那時筆的運行就反而顯得僵硬不靈了，又何來「龍跳天門，虎卧鳳闕」的筆力呢?!

《書學概論》接下去說：「然後回到房間，照前節講的姿勢坐好，兩足以尖掌地，臀部坐在一半椅子上，然後全身力氣不致墜落椅上。像騎馬一般地使全身氣血暢通，力氣自然上行，由足掌、臀部而直上兩肩，右肩須略向外，這時力便集於肩上來了。這是運氣的要領。」又說：「臨書前照此去臨帖，初初不忙下筆，先以手執筆循帖上的結構，憑空曲肘懸腕的畫著。……同時心領神會，再凝結而成自己要寫的字。這就是古人所說的心中有字，然後手上有字。」這第三步是從「站功」進入「坐功」，似可稱爲「坐式運氣階段」。這一階段雖已變徒手畫空爲執筆畫空，但主要仍是練習運氣與養成凝神靜思的習慣。

現針對《概論》作者所說的「運氣的方法，如果精熟太極拳的，更易明了」，以太極拳的古典理論來作些詮釋。例如：關於勁的來源，清代太極拳家武禹襄（一八一二～一八八〇）在《十三總勢說略》一文中寫道：「其根在腳，發於腿，主宰於腰，形於手指。」練書法也是一種「運動」，如今爲了使所寫的一點一畫都能全身力到，所以兩足要著地如植根；而臀部半坐，取騎馬姿勢，那也是爲了使全身氣血暢活，兩腿之勁能自然上達腰間；由腳而腿、而腰，若能一氣貫串，則「力便集於肩上來了」。至於「形於手指」，那是指外觀反映在手指上，而不是指主觀上著重去運用手指。

太極拳強調練好腰腿功夫，而不贊成盡在手指上耍花哨；歷代書法家也大都主張「五指但司執管，不主運筆」。運筆則根據字體的大小，分別通過運腰、運肩、運肘或運腕去完成的。

一般地說，小楷運用腕力，中楷運用肘力，大楷以肩力出之，數尺以上的「榜書」始以腰力出之。其實，太極拳雖強調「腰脊爲第一之主宰」，但推手發勁也還是隨機應變，分別以各部之勁力出之，與運筆頗有異曲同工之妙。這與「腰爲主宰」的原理並不矛盾。

此外，書法運氣與實際練書時，要求「右肩須略向外」（練左筆者，左肩須略向外），這與外功拳的「順肩」，以及太極拳的「含胸拔背」，也都有其相近似之處。

綜上所述，證明書藝與拳技雖分屬文、武，各有門徑，但在理論上確有某些相通之處。因此，我勸武術家學點書法，書法家學點武術，這對於提高各家原有的技藝和理論水平，肯定會有所裨益，而決不會是枉費精神。當代著名書家沈尹默、馬公愚和畫家豐子愷諸先生，生前都與太極拳家傅鐘文老師相交甚厚，並都跟傅師學練過太極拳。這不是偶然的吧！

第四章 太極劍的訣要

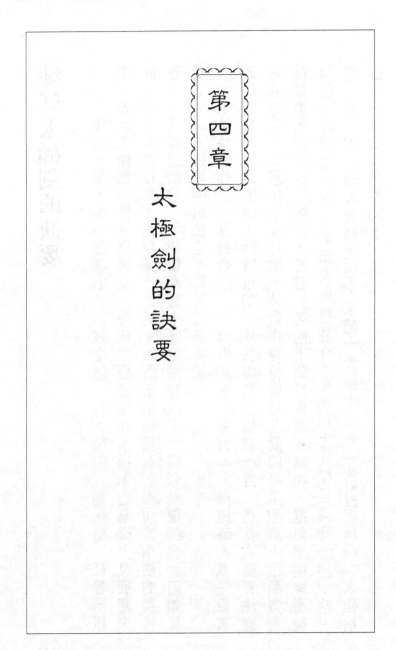

練好太極劍的訣要

太極劍，是太極拳派著名的器械套路。在太極刀、劍、槍、杆等器械中，素以太極劍流傳最爲廣泛。傳統太極劍是在太極拳的基礎上發展起來的，其基本要領與太極拳是一致的。然而劍法畢竟有著不同於拳法的獨特要求。武術諺語說，「劍如飛鳳，又似游龍」；「劍似飛龍騰雲，刀如猛虎下山」。這說明劍法也不同於刀法。

劍法特別強調「身劍合一」，「尙活而不尙力」。練劍時，首先要求周身輕靈，運行敏活，圓轉自如，身法與劍法協調一致。這就更需要注意神活意先，以意識引導行動，使動作變得敏捷，勁路剛柔相濟；逐漸做到輕靈柔順而不流於飄浮，從容沉著而不陷於重滯。其次，還要求精神要提得起，呼吸要自然，劍法要準確等等。在應用上同樣是講究「沾、粘、連、隨」的。過去有的太極拳家把「太極十三劍」的對練稱爲「太極粘劍」，緣由即出於此。

總之，練習太極佛的神態、姿勢和動作，都應似游龍飛鳳，要輕巧敏快而穩健不迫，內含抑揚頓挫而不失沾粘連隨。再次，全身運動須以腰爲軸，上下隨合，鬆腰活腕，勁由脊發，達於劍端，要做到「一動無有不動，一靜無有不靜」的基本要求。

拳諺說：「拳技以眼爲尊。」又說：「眼爲心之苗。」劍術自然亦極爲重視眼法，要求做到眼、手、劍三者相隨。眼神雖以向前平視爲主，但視線須跟隨劍指、劍尖與劍鐔轉動，瞻前顧後，左顧右盼，並逐漸達到精、氣、神與身、手、劍內外合一。

拳諺說：「單刀看手，雙刀看走，寶劍看鐔，大刀看口。」這話簡潔扼要地說明了不同器械在眼神關顧上各不相同的個性。刀、劍對神形合一的基本要求是一致的，但神形合一的具體方法與風格都是有所不同的。

刀劍的握法也不盡相同。一般說，握劍的手要輕柔靈活，以使劍能運轉自如爲原則；但也不可忽略「柔而有韌」。若柔而無韌，則器械經不住受人一格；器械被格即脫手，自然就談不上克敵制勝了。一般握劍是以拇指、食指、中指三指爲主，其餘兩指爲輔。掌心要含虛，而不可捏實。此外，從技擊角度看，握劍的食指也不宜伸展地貼放在護手（即「劍格」）上面。若把食指伸展壓貼在劍格中端，這雖有助於初學者穩定寶劍的運作線路，但若以技擊分析，則無異是「請人斷我食指」了。

世上各種技藝都有自己的特殊規律。劍術也如此，凡在練劍時違反了劍術規律，也就失去了緊湊而逼眞的藝術和技擊價值。這一點是初學的人必須明白的，否則日後把太極劍練成大砍大劈，呑吐威猛，氣壯如猛虎下山，這樣雖勇悍威武有餘，但離開太極劍術的規律就太遠了，同時，內、外功劍法各有特色和長處，在原則上是與各自的拳法配成龍的。

練一趟太極劍的正常速度比太極拳要快些。但初學時寧慢勿快，慢則動作分明，姿勢容易正確。太極拳、劍都有抑揚頓挫的特點，不論太極劍的分支流派如何，在總的外觀上都要做到節節貫串，綿綿不斷，柔和順暢，宛如一氣呵成。即所謂「如長江大海，滔滔不絕也」。因此，在定式時要似頓非頓，有明確的落點，而無強拗斷離的痕跡。變式時動作圓活，剛柔內含，運行應付裕如。

學習劍術套路，先求姿勢正確，動作熟練，這在術語上叫做「搭架子」；然後進一步分析研究劍法作用，逐步摸索和掌握用勁的規律，這在術語上叫做「練架子」或「摸勁」。當然，眞正要做到「由著熟而漸悟懂勁，由懂勁而階及神明」，那還得輔以劍術競技活動。但若單純從鍛鍊身體出發，練習套路積功日久，自也能在演練中達到動靜相生，剛柔互濟，姿勢優美，動作自然的要求的。

學習太極劍的人，最好先把太極拳學會，鞏固一年之後，再去學習劍術，這樣在教學上就事半功倍了。

反之，由於拳術尚未鞏固，下盤腰腿無功，再拿上一支器械，舞動起來不免顧此失彼，因此，教與學都很吃力，事後的「成活率」與質量也是大打折扣的。這說明學劍是要有點拳術功底的。

太極劍術練習談

太極劍是太極拳學派著名的器械套路，傳統的楊式太極劍，姿勢優美，舒展大方，動作樸實，柔中寓剛，具有太極拳系器械的獨特風格。練習太極劍，除了特別強調周身輕靈，動作敏活外，其餘基本要領與太極拳的靜、鬆、穩、勻、緩、合、連等七字要訣是完全一致的。

其中「緩」字，是指與外功拳系器械對比而說；若與太極拳相比，則太極劍的速度比太極拳稍快。傳統太極劍一般編爲五十～五十五式，完成套路時間約二～三分鐘。但初學者宜慢不宜快，慢則動作充分，呼吸自然；反之，動作不充分，就容易發生「走過場」的現象；呼吸不自然，全身關節肌筋就不容易放鬆，也必然會發生強拗斷離，渾身僵硬等現象。

「九路八十一式太極劍」是我早在傳統楊式太極劍的基礎上增編修訂而成的自練套路，其運動量、運動強度和難度均較傳統太極劍爲大。而且各式不相重複，完成套路正常時間爲四～五分鐘。其基本原理則與傳統太極

主	洗	截	劈	壓	攪	崩	點	刺	擊	格	提	帶	抽
輔	刮	托	砍	抹	摸	挑	剁	扎	撩	掛	披	掃	攔

劍法是相同的。

傳統楊式太極劍法有抽、帶、提、格、擊、刺、點、崩、攪、壓、劈、截、洗等十三字訣。今人有將「格、洗」二字改爲「撩、刮」的，但「格、洗」實爲重要劍法。根據楊式太極劍精簡改編的「三十二式太極劍」，則又把「提、格、崩、攪、壓、洗」等六法，改爲「撩、掛、托、掃、攔、抹」；而在我國劍術中，尚有挑、扎、披、砍、摸、剁等多種劍法，早已被太極劍所吸收。因此，我們在練習時，可依傳統的十三法爲主，以其它十三法爲輔。現將「主輔十三法」整理列表如上，以供參考：

當今劍術套路競賽，對上列刺、點、崩、撩、掛、劈、攔、托等八法，是分外重視的。

拳諺說：「未習拳，休學劍。」又說：「劍術易學精通難。」這說明學劍不但必須具備比較扎實的基礎功夫，而且必須首先學好同一拳派的拳法。要切實做到腰腿有功，上下相隨，全身勁正，能鬆腰活腕，勁由脊發。此外，最好還能懂得每一術式的技擊意義，從而使心意精氣神與眼身手步劍內外合一。這樣練習日久，勤而有恆，自無強拗斷離，不能順勢得力或姿勢不佳等常見的弊病。只要基礎打得好、扎得深，自能在入門以後，「由著熟而漸悟懂勁，由懂勁而階及神明」。相反，如果急於求成，則不是一曝十寒、半途而廢，便是練成了只圖好看的「花架」，腰腿無功的「空架」，刀劍不分的「混架」，或左搖右擺的「歪架」。常見學劍十年而空洞無物者，所由皆此。屆時雖想改正，但不正確的姿勢既經定型，習慣成了自然，想改正就事倍功半了。這是初學太極劍的人所不可忽視的。

楊氏太極拳宗師楊澄甫先生（一八八三～一九三六）曾論劍說：「劍氣如虹，劍行似龍；劍神合一、玄妙無窮。」著名武術家李景林先生（一八八六～一九三一）也曾於一九三〇年說：「練劍之要，身如游龍，切忌停滯，習之日久，身與劍合，劍與神合，於無劍處，處處皆劍。能知此義，則道近矣！」

我國武術諺語素有「劍走青，刀走黑」，「劍似飛鳳，刀如猛虎」等說法，這些話都強調了劍的運行要輕靈敏活，切不可僵滯不化；同時，要做到身、劍、神三者合一，從知法明理入手，漸至「變化無方，心手兩忘」。此時與人對劍，已從「有法」變成「無法」，而在這「無法」之中，卻又是劍劍得法，攻守無不得其宜，從而才能體現出「渾身是劍」的高超劍藝，那自然已是得其劍道而「玄妙無窮」了。但要達到這種出神入化的境界，是必須有個相當長的刻苦鍛鍊實踐過程的。

上述「無法」之說，一作「忘法」。實際上是「由著熟而漸悟懂勁」之後，在與人競技或實戰時，形成「條件反射」，而能以閃電般速度作出近乎自發的攻守反應，而決不是先想好了，用什麼劍法與招式去對付人家，這就叫「忘法」。如明代莊元臣《叔苴子》說：「教劍者有法，及其能劍，忘其法並忘其劍矣！」又說：「未忘法而用劍者，臨戰鬥而死於劍。」這說明「未忘法」是死守常法而不會因敵隨機變化。

太極劍是以太極拳爲基礎的，拳法爲武藝之源！因此，拳練得太差的，學劍肯定好不了，還是先把拳練得好點再說。凡是教劍，一般是著重教授劍法，而不去細講步法、身法的。蔡龍雲先生在《劍術》一書（江西人民出版社一九八二年初版）第四章談「怎樣練習劍術」說：「按照傳統的基本技法，必須做到以下七點。這七點是：第一，形體工整；第二，筋骨遒勁；第三，心力堅強；第四，氣勢連貫；第五，陰陽分開；第六，擊刺得法；第七，呼吸自然。」這七個要點，對於練習太極劍也很有參考價値。只是在練習時還必須注意突出太極劍的特點，如：「以柔爲主，剛柔相濟」、「綿裡藏針」、「用意不用力」，以及「動作圓滿」、「相連不斷」、「後發先至」等等。倘若撇開了這些最基本的特點，那就不成其爲太極劍了。這一點是不可不加以說明的。

總而言之，太極劍術要練得舒展大方、輕靈沉穩、柔中寓剛、擊刺自如，全賴功底深厚，劍法嫻熟。古人說：「書劍一理。」今再以書法格言爲鏡——宋代著名書法家黃庭堅說：「入則重規迭矩，出則奔逸絕塵，曲盡書法矣！」意即初學入門，既須有法，更須嚴格守法；日久則法能運化，漸至超脫理法，能從心所欲，隨意變化。

此即所謂「能守規矩，而後能脫規矩。」那時，就像千里馬一樣，能在遼闊的原野上無拘無束地馳騁了。

附錄：　九路八十一式太極劍譜

第一路

1. 預備式
2. 起式
3. 漁人指路
4. 三環套月
5. 大魁星
6. 燕子抄水
7. 左右攔掃
8. 太公釣魚
9. 小魁星

第二路

10. 燕子入巢
11. 靈貓捕鼠
12. 鳳凰抬頭
13. 黃蜂入洞
14. 斜飛式
15. 海底針
16. 扇通背
17. 撇身劍
18. 順風揚帆

第三路

19. 旋風式
20. 蜻蜓點水
21. 等魚式
22. 左右龍行
23. 懷中抱月
24. 宿鳥投林
25. 烏龍擺尾
26. 青龍出水
27. 風捲荷葉

第四路

28. 獅子搖頭
29. 猛虎抱頭
30. 野馬跳澗
31. 翻身勒馬
32. 退步跨虎
33. 飛燕穿林
34. 雲劍
35. 劈山開川
36. 石上試劍

第五路

37. 迎風撣塵
38. 順水推舟
39. 流星趕月
40. 天目飛瀑
41. 挑帘式
42. 車輪劍
43. 催馬加鞭
44. 撥草尋蛇
45. 紫燕銜泥

第六路

46. 大鵬展翅
47. 海底撈月
48. 風捲殘雲
49. 鴛鴦腿
50. 葉底藏桃
51. 十字腿
52. 龍宮探寶
53. 鷂子翻身
54. 白蛇吐信

第七路

55. 撥雲見月
56. 哪吒探海
57. 犀牛望月
58. 射雁式
59. 青龍現爪
60. 鳳凰展翅
61. 金雞獨立
62. 大蟒伏地
63. 左右跨攔

第八路

64. 連環腿
65. 白猿獻果
66. 左右落花
67. 玉女穿梭
68. 白虎攪尾
69. 鯉魚戲水
70. 烏龍絞柱
71. 劍劈華山
72. 二龍戲珠

第九路

73. 二起腳
74. 打虎式
75. 擺蓮腿
76. 獅子張口
77. 牧童指路
78. 一枝梅
79. 風掃梅花
80. 指南針
81. 收式

中國古劍淺説

寶劍一名「三尺」，又有「青蛇」、「青龍」、「秋水」等別名，是我國古人隨身佩帶的一種短兵器。但無論作爲古代的一種自衛和實戰用的兵器，還是作爲古今用於健身的民族武術器械，寶劍都給世界各國人民留下了極其深刻的印象。

近些年來，隨著群衆性武術運動的蓬勃發展，無論民間或學校，參加劍術鍛鍊的人日趨增多了。通過劍術鍛鍊，不但能有效地增強人們的體質，使人精力充沛，而且有助於活躍群衆的文體活動，使人心神舒爽，情趣盎然，對於提高學習和工作效率，預防和減少疾病，都有一定的作用。所以，這是深受廣大群衆喜愛的武術項目之一。而我們現在用於武術運動的劍和劍術，都是在繼承古代武術文化遺產的基礎上加以創新發展的。

爲此，本文著重談論一下古劍的歷史常識，以供武術愛好者參考。至其粗疏與謬訛之處，也望讀者指正。

一、劍的起源

我國寶劍創始於何時何人？這一問題歷來是衆說紛紜的。距今幾千萬年前，人類的祖先已經開始使用石刀、石矛了。劍的萌生大概是從刀、矛發展衍化派生的，即由矛頭的伸展，以及變單刃的刀爲雙刃的劍。由此推想其歷史可能要稍晚些。而青銅刀、劍比之石器、骨器的歷史相對地要短得多了。

《黃帝本行記》說：「帝採首山之銅，鑄以爲劍，以天文古字題銘其上。」但《初學記》卻說：「黃帝採首山之銅始鑄爲刀。」《管子・地數篇》則說：「昔葛盧之山，發而出金，蚩尤受而製之，以爲鎧、劍、矛、戈。」黃帝與蚩尤是傳說中距今四千多年前同時代的人。《山海經・大荒北經》說：「蚩尤作兵，代黃帝。」《史記・五帝本紀》：「蚩尤作亂，黃帝戰於涿鹿之野，遂擒殺蚩尤。」

那時雖然還處於新石器時代的後期，但最早青銅器的冶煉，很可能就是從製作刀、劍等兵器開始的。

古往今來，很多創造發明的萌芽時期，往往遠比普及時期要早得多。事物的發展規律，總是由微而著，從少變多的；但萌生和發展過程中歷時的長短，卻是各不相同的。不過到目前為止，我國考古學家尙未發現過這麼早的青銅、刀、劍，因此，他們大都根據出土的實物，把金屬古劍創始的歷史考定為「距今約三千年前的西周初期」。當然，對於上述載於古書中的傳說，是有待考古學界進一步去發現和證實的。

關於鐵劍的記載，古書所說的產生時代也相當早的。《禹貢》已有「鐵」字。陶宏《刀劍錄》（一作梁·陶宏景撰《古今刀劍錄》）說：「孔甲在位三十一年，以九年歲次甲辰，採牛首山鐵鑄劍，名曰『夾』，古文篆書，長四尺一寸。」

孔甲是夏代（約公元前二十一～十六世紀）中期的帝王，這裡「四尺一寸」是指古尺，若以周尺計算，約合今天市尺二尺四寸半左右，即八一．六公分。但即使在周代初期也不可能有那麼長的劍。何況夏代怎會用天干、地支來紀事呢？說明所記當屬於民間傳說一類。然而《司馬法》也說：「夏執玄鉞。」宋均註：「玄鉞用鐵不磨礪。」

總之，以上古文獻認爲，早在夏代已有鐵劍、鐵鉞了。但呂振羽等史學家大都認爲：「在沒有實物發現前，也是不足憑信的。」（見呂著《簡明中國通史》，人民出版社一九五五年六月出版，第八十二頁註文第十五條）而目前發現最早的鐵劍，也不是周代的。此外，古文獻中各種岐說尚多，不可能一一記載。

二、東周尚劍

到了春秋戰國時期，我國鑄劍工藝和劍術武藝的發展，都已達到了相當高的水平，尙劍之風極爲興盛。這顯然與生產力的發展和戰爭頻繁等時代背景，以及統治階級的提倡和民間尙武的風俗習慣等等多方面因素有關。如《莊子·說劍篇》說：「昔趙文王喜劍，劍士夾門而客三千餘人，日夜相擊於前，死傷者歲百餘人。」一個侯王喜劍，而劍士死傷一年達百餘人，其殘酷程度是可想而知了。

《韓非子》各篇述及劍的文辭也極多，如《有度篇》：「鏌邪傳體，不敢弗搏。」鏌邪，即莫邪，原是春秋名匠幹將、莫邪夫婦所鑄的利劍，雌雄成對，以其夫婦名爲劍名，而這裡是泛指利劍。傳通敷；傅體，貼近身體的意思。其大意是說：當寶劍要擊著我身體的時候，就不可不搏鬥了。

《說林上篇》還記有善相劍者曾從子的故事，說：「衛君怨吳王，曾從子曰：『吳王好劍，臣相劍者也。臣請爲吳王相劍，拔而示之，因爲君刺之。』衛君曰：『子之爲是也，非緣義也，爲利也。……』乃逐之。」這段故事說明：東周時期不僅有劍士、劍俠和鑄劍名匠，而且有專事鑒定寶劍質量爲職業的人。

《五蠹篇》談到：「俠以武犯禁，……犯禁者誅，而群俠以私劍養。」韓非抨擊當時權貴們竟相蓄養「劍俠」，致使暗殺（「私劍」）事件層出不窮，已構成嚴重的社會問題，所以把「俠」也列爲「五蠹」之一。

《顯學篇》則在談全面辨別人的言行時，以鑄劍作比說：「夫視鍛錫而察青黃，區冶不能以必劍。」這句話的大意是：如果單憑鑄劍鍛錫時看一下紅料在火中的色澤，那即使像區冶那樣的鑄劍名匠，也無法斷定它能否成爲利劍的。

區冶，即歐冶子，春秋越人。在歷史上與同時代吳人幹將、莫邪夫婦齊名。《吳越春秋·闔閭內傳》中記有歐冶子與幹將曾經同事一師學習鑄劍的故事。馳名古今中外的龍泉劍，即爲歐冶子所始鑄。歐冶子當年鑄劍的地方，在今浙江省龍泉縣城外二里許，至今尙殘存汲水淬劍用的古井一口（原爲七口，呈北斗七星狀）。後人爲紀念他，尊奉他爲鑄造鐵劍的鼻祖。並築「歐冶子將軍廟」於七星古井之側，現遺跡猶存。

龍泉，原名龍淵，唐代爲避唐高祖李淵諱，方始改稱「龍泉」。而地名是因劍得名的。相傳歐冶子曾爲楚王鑄龍淵、太阿、工布等三把名劍。而爲越王勾踐所珍藏的沈盧、純鈎、勝邪、巨闕、魚腸等大小五把名劍，相傳也是歐冶子的傑作。

如此說屬實，則一九六五年從湖北楚墓出土的越王勾踐雙劍，就有可能是上述名劍中的兩把。一說在此之前，歐冶子所鑄的沈盧、磐郢、魚腸等三把名劍曾爲吳王所有。專諸爲吳公子光刺殺吳王僚時，就是在進炙魚之際，以魚腸劍突刺吳王，而直透堅甲。其銳利是可想而知了。

因專諸行刺前藏劍於魚肚下，故後人多以爲魚腸劍是匕首。其實春秋寶劍尺寸較短，而宴會的炙魚卻不一定是限於尺把長的魚，所以「魚腸」未必是匕首。

據北宋·沈括（一〇三一～一〇九五）《夢溪筆談》卷十九《器用篇》釋古劍說：「古劍有沈盧、魚腸之名。沈音湛。沈盧謂其湛湛然黑色也。古人以劑鋼爲刃，柔鐵爲莖幹，不爾則多斷折。劍之鋼者，刃多毀缺，巨闕是也。故不可純用劑鋼。魚腸即今蟠鋼劍也，又謂之『松文』。取諸魚燔熟，褫去脇，視見其腸，正如今蟠鋼劍文也。」以此觀之，上述名劍彷彿是以特定的工藝和規格製作的，而同一工匠所鑄的同名利劍，恐怕不會都是只此一把的。令人感興趣的是：魚腸的花紋與越王勾踐雙劍的花紋如出一轍。此外，古劍著名的尚有白虹、紫電等許多名目。

三、削鐵如泥

「削鐵如泥」，這是古小說中對於利劍形容的套語，顯然是一種藝術誇張。但寶劍貴於堅韌鋒利，我國名劍的犀利程度，往往是非親眼目睹的人所難於置信的。古今文獻中有關這方面的記述是極多的。凡屬名劍，都能「水擊鵠雁，陸斷駒馬」（《韓非子》）、「水斷蛟龍，陸剸犀象」（《夢溪筆談》），其銳利確是非同一般的。

如《夢溪筆談》卷二十一《異事篇》說：「錢塘有聞人紹者，常寶一劍，以十大釘陷柱中，揮劍一削，十釘皆截，隱如秤衡，而劍鑞無纖跡。用力屈之如鉤，縱之鏗然有聲，復直如弦。」又說：「關中種諤亦畜一劍，可以屈置合中，縱之復直。張景陽《七命論劍》曰：『若其靈寶，則舒屈無方。』蓋自古有此一類，非常鐵能爲也。」錢塘，即今浙江杭州，浙江原屬古越之地。關中，即今陝西以西安爲中心的關中一帶。

一九六八年，從河北西漢墓出土中山靖王劉勝的兩把寶劍，以及一九七四年從陝西臨潼秦始皇陵陶俑坑出土的三把寶劍，也都是通體寒光逼人、鋒利如故的。上述秦劍，一下能劃透十多張報紙；儘管埋藏在陰寒潮濕的地底下已歷兩千餘年，卻無絲毫銹跡，依然是光彩奪目的。

若以近世龍泉寶劍的傳統工藝來說，也堪令人贊嘆。如一九九一年，龍泉縣幾家劍鋪舉辦一次鑄劍比賽，「沈廣隆號」劍鋪主匠沈庭璋所鑄的寶劍，一劍刺穿三枚銅板，而劍刃不鈍不捲，奪得頭名。

再如一九五八年，在全國性專業會議上，有人用一把龍泉劍將迭在一起的六個銅板揮劍一劈爲二，立時成爲十二瓣。

以上事實，都足令目睹者瞠目結舌，贊嘆信服。

四、文而兼武

古今很多著名人物都曾認爲：要使中華民族的國力強盛，及在各項事業上有所成就，必須振興武風，使人們能文能武。在當今學校教育方面，貫徹「應使受教育者在德育、智育、體育幾方面都得到發展，成爲有社會主義覺悟的、有文化的勞動者」的教育方針，也包含了「文武雙全」的基本要求。

建國以來，社會主義體育事業發展之迅猛，解放前任何一個朝代都不可與之同日而語。然而我們也應該看到其間經歷過的曲折，以及目前發展不平衡的狀況。

在某些學校裡被貶爲「小四門」之一的體育，其地位依然是很低的，而

「體育無用」的調子卻唱得很高。所以聊一聊古代文人學擊劍，或許對我們也會有所裨益的。

在古代，不但武人習劍，而且文人也多有愛好劍術的。《體育之研究》說：「清之初世，顏習齋、李剛主文而兼武。習齋遠跋千里之處，學擊劍之術於塞北，與勇士角而勝焉。故其言曰：『文武缺一豈道乎？』……此數古人者，皆可師者也。」

《體育之研究》是毛澤東同志青年時代的一篇著作，原發表在一九一七年《新青年》雜誌上，署名「二十八畫生」，（按「毛澤東」三字的繁體字爲二十八畫，因而有此筆名）。顏、李是清代著名學者，屬同一學派，世稱「顏李學派」。兩人皆通六藝，主張研究學問結合實踐，並主張「文而兼武」。但遠在先秦時代，文人習劍就蔚然成風了。如子路雄冠，饒有武勇；毛遂按劍，叱楚王於庭；馮驩彈鋏而歌等等故事不勝枚舉，說明文人很早就與寶劍結下了不解之緣。

屈原《離騷・九章・涉江》說：「餘幼好此奇服兮，年既老而不衰；帶長鋏之陸離兮，冠切雲之崔嵬。」東漢王逸註：「長鋏，劍名也。其所握長劍，楚人名曰『長鋏』也。言己內修忠信之志，外帶長利之劍，戴崔嵬之冠，其高切青雲也。」陸離，指人在行進時，佩劍一高一低的動態。崔嵬，高貌。楚人稱劍爲「鋏」，可能是古義。與本文所引《刀劍錄》「孔甲在位……採牛首山鐵鑄劍，名曰「夾」」的說法是一致的。

但晉·司馬彪等人釋鋏爲「劍把也」。《文選》註：「鋏，刀身劍鋒也。」清·程瑤田《考工創物小記》說：「鋏爲劍室，故稱長鋏，劍把安得稱爲長乎？」按：劍室，即劍鞘。《方言》：「劍削，自河而西，燕、趙之間謂之『室』；自關而東，或謂之『廓』，或謂之『削』；自關而西，謂之『鞞』」。戴震疏證：「削，亦作鞘。」按《集韻》：「鞘，亦作鞘、削、⿰角皮。今通作『鞘』。」

從這裡也可以看出，由於各地方言不同，後人詮釋不同，以致同一「鋏」字，就衍變出各種不同的解釋了。

但筆者認爲，古人所說「鋏，夾也」，這裡不會錯的。而最早稱劍爲「夾」，可能是據冶金鑄劍的原始工藝來命名的，即泛指全劍而已；而「劍」字的產生，可能晚於「夾」字。因爲原始的劍，是不會有很多附件的；劍格、劍室和木夾式劍把等等都只能是逐步發展而來的。而後人據已發展的實物因形訓詁，於是就從「夾」、「鋏」二字衍生出許多不同的含義。以致時到今日，也就只能因文解字了。

《離騷·九歌》也有「撫長劍兮玉弭」等句。王逸註：「玉弭，弭謂劍鐔也。」由於屈原自幼愛劍，所以後人繪製或雕塑的屈原像，一般多作高冠佩劍的英姿。

從屈原的壯志與利劍內外相合看，說明佩長劍並非爲了裝飾。

秦漢擊劍之風並未少衰，且有進一步的發展。而當時學子從師習劍，主要是爲了爭取功名。當然也不排除鍛鍊身體和用以防身的目的，但前者卻是主要的。如《史記·項羽本紀》說：「項籍少時，學書不成，去；學劍，又不成。」這裡學書、學劍，就分別代表了學文、學武。而且有抱負的文人學士，無不自幼立志和嚮往把自己培養成一個能文能武的人才的。如西漢司馬相如、三國魏文帝曹丕等人都善於擊劍。這種風氣直到進入南宋以後才逐漸衰落。

五、李白與劍

唐代著名詩人李白（七〇一～七六二），在十五歲時就開始學擊劍了。自謂：「十五好劍術，徧幹諸侯；三十成文章，歷抵卿相。」（李白《上韓荊州書》）他在《五月東魯行，答汶上翁》一詩中說：「顧余不及仕，學劍來山東。」郭沫若先生認爲：李家移東魯，就是爲了學擊劍。（見郭沫若《李白與杜甫》）後來李白還寫信給當代著名的劍術家裴旻將軍，說：「如白，願出將軍門下。」（見裴敬《翰林學士李公墓碑》）即要求拜裴旻爲師。

唐人以劍入詩文的篇章極爲繁富，而李白更是數一數二的。如《贈崔侍御》：「長劍一杯酒，男兒方寸心。」《臨江王節士歌》：「安得倚天劍，跨海斬長鯨！」《南奔書懷》：「過江誓流水，志在清中原；拔劍擊前柱，悲歌難重論。」這些詩句，都是述志抒懷並富具感染力的。

李白在二十歲時寫的《大獵賦》說：「擢倚天之劍，彎落月之弓；崑崙叱兮可倒，宇宙噫兮增雄。」其文辭慷慨激蕩，氣勢磅礴。結合其勤奮的一生，也可明白地看出，李白自幼就是個很有志氣的人。而看看今天某些「登山則氣迫，涉水則足痙」，或個別自稱「看透了一切」，沒有理想和不問國家前途的青少年，對比之下，那就不免相形見絀了。當然，今天絕大多數青少年是熱愛國家，熱愛人民，有志氣、有理想、有作爲的。但加強敎育和多加勉勵仍舊是頭等重要的。

相對地李白畢竟是一千兩百多年前處於封建時代中期的人，一生中遭受挫折也多。當他被流放夜郎中途遇赦放回後，也就在《書懷》一詩中提到「棄劍學丹砂」了。意即把寶劍丟在一邊，去煉丹以追求長生不老了。但他在將死時所作《臨終歌》開頭兩句「大鵬飛兮振八裔，中天摧兮力不濟」，似乎是表達了自己壯志未酬的終身遺憾。

現在時代不同了，中華兒女自當好自爲之。並非敎大家都去學擊劍，但總須時刻注意德、智、體三育的全面發展，努力使自己發展成爲能文能武、文武結合的優秀人才，爭取成爲「四化」建設和振興中華的中流砥柱！

第五章

太極拳訣選（六首）

太極拳學歌

（七言三十二句）

自古拳學三大用，健體防身袪病痛。
太極拳術眞善美，三大功用成一統。
歷史悠久好拳種，傳世數今頂興隆。
推向四海爲人類，造福借重太極功。
年老體衰意從容，拳畢猶把刀劍弄。
日積月累功漸深，康健竟與壯年同。
年少氣盛性好動，推手散手興味濃。
能文能武懷大志，國內國際爭光榮。
初學務必循序進，越級躁進難成功。

育人教拳先傳德，拳以德立藝德宏。
口傳身教須耐心，拳理拳技要貫通。
繼承而後談創新，無根造作空中空。
勤苦實踐最爲重，一日練就一日功。
練與不練大不同，一天不練十日空。
著熟懂勁顯神通，始信拳學不負儂。
活到老來練到老，人人稱羨不老松！

太極拳五字要訣（四言十句）

靜：心靜意轉，動中處靜。
鬆：由鬆入柔，鬆柔輕靈。
穩：立身中正，步似貓行。
勻：形如抽絲，相連不斷。
緩：從容沉著，慢中求功。

註：拙作《太極拳五字要訣》以及本書第七章所載拙作《太極推手化引拿發訣》、《太極拳九十六法訣》等三首，曾於一九八六年發表在《少林武術》雜誌第五期上，一九九〇年被收入《中國武術大辭典》。

拳法五要訣（四言五句）

一要心靜，
二要眼明，
三要身靈，
四要手準，
五要步穩，

註：清·李亦畬《五字訣》的訣文是：「一曰心靜，二曰身靈，三曰氣斂，四曰勁整，五曰神聚。」這是從心、身、氣、勁、神等五方面來說的。本訣則是從心、眼、身、手、步等五方面來說的。其中心、身二者皆已敘及，而眼與神是表與裡的關係。

與此相類似的拳術歌訣，如浙閩一帶的南拳有《五要訣》說：「一要眼尖，二要手捷，三要膽穩，四要步堅，五要力實。」以上雖因拳種不同而各自有所側重，但相互之間都有一定的可供借鑒之處。這類拳訣言簡意賅，無不是根據人們實踐經驗提煉而成的。而個人所撰，僅僅是繼承與記述前人世代積累下來的經驗罷了。

此首《拳法五要訣》若能與清代王征南《五字心訣》「敬、緊、徑、勁、切」一併研究，或許會有助於人們加深對古代內家拳法的一些理解。

太極拳法八正訣

（七言八句）

練拳先心後及身，心正頭正身軀正。
拳正德純武藝眞，眼正意正勁亦正。
勤恆禮誠記在心，平心靜氣去制勝。
招正式圓步相隨，磨煉嫻熟功必成。

註：八正，指心正、意正、眼正、頭正、身正、拳正、招正、勁正。

從學須知歌（七言八句）

學拳必先知三條：第一有恆、崇武德；
第二勤學、明拳理；第三強身，莫逞能。
如果三條能做到，日後藝精德亦高；
倘若三條做不到，那就只能學皮毛！

註：這首《從學須知歌》記述的是前輩拳家開始授徒時上第一課時的教誨：不崇武德、不明拳理、缺乏恆心、不願勤學苦練或愛亂逞能的人，都不可能在拳藝上有精深的造詣，到頭來至多是學到點皮毛而已！

練為上歌（七言八句）

尊師愛友講團結，武德高尚藝始高。
德智體與眞善美，拳學之中豈可少？
武藝貴精不貴多，須把戰術胸中藏。
若說習拳有竅門，心傳口授練爲上。

註：「練爲上」的上字，原本是專指上賽場的「上」。後來有人把它引申爲「上策」、「上乘」或「頭等重要」，也有泛指上進或進步的意思。本文中三者皆可通，不必執一。

據傳，有位著名的太極拳家臨終時，後輩詢問：「還有什麼太極拳秘訣要傳給大家？」答曰：「練！練！練！」拳藝以練爲上，這確是個平凡的眞理！

第六章

太極拳推手漫談

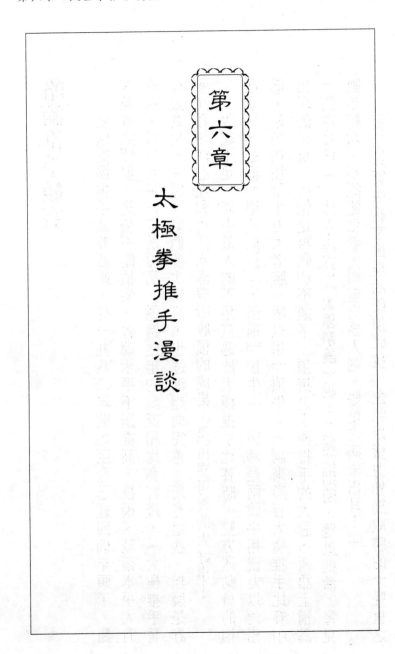

略論推手競賽

我國開展推手競賽活動，從一九八二年開始至今已經四個年頭了。隨著競賽的開展，經驗不斷積累，教練水平不斷提高，技術、戰術水平大有改進，裁判水平也有所提高。通過逐年的訓練和比賽實踐，《太極推手暫行競賽規則》經專家們多次修訂，也逐漸趨向完善。所有這些，無疑是許多同好傾注心血和用汗水灌溉所收穫的成果，是可喜可賀的大好事！

說起不足，其中最大的不足莫過於太極推手比賽時，雙方運動員的相互頂抗。這種「頂頂抗抗」，俗稱「頂牛」，彷彿是兩頭牛用蠻力以角相抵，結果往往是牛力大者勝。所以用「頂牛」一詞來形容太極推手比賽中出現的頂抗，恐怕是再確切不過了。頂抗是太極推手的大忌，術語上稱爲「雙重之病」。清·王宗岳《太極拳論》說：「偏沉則隨，雙重則滯。每見數年純功，不能運化者，率皆自爲人制，雙重之病未悟耳！」

推手比賽中經常出現的硬頂硬抗、企圖以蠻力拙勁取勝的「雙重之病」，不僅嚴重地違反了太極推手的根本要求，失去了太極推手技藝的特色，而且也會使誤傷事故不斷發生。在有的省、市級選拔比賽中，雙方頭部相撞或一方肘關節被逼成輕度脫臼等事故，都曾發生過。這類情況，使某些內行的觀衆大失所望。有的同好說：「太極推手素以柔中寓剛，借力發人見長，如今恰好是缺少這種綿裡藏針、以柔克剛、四兩撥千斤的韻味。這簡直不像太極推手，當然也不像武術散手、摔跤、拳擊等體育項目，成了個『四不像』，因此，令人興味索然！」

類似的評論甚多，雖然語言尖刻些，要求稍高些，但問題畢竟是存在的，評價也還是比較客觀的。所以，這是值得引起我們重視的。

在當前推手比賽中，頂抗現象很普遍，而實際應用的推手著法又很單調，這都反映出推手運動員的技術不夠成熟。技藝的不成熟，多半是由於訓練方法不對頭，或訓練程度較差所致；有的則是兩者兼而有之的。特別是對太極推手基本功的練習，如聽勁、借力等等重視不夠。

此外，諸如著法單練（以求得極其熟練爲準）、腰腿功夫（以能隨遇而安、強似不倒翁爲準）、「復盤」研究（以弄淸每次比賽勝敗原因、找出經驗教訓爲準）、戰術訓練（以理論與實踐相結合爲準）以及心理意志訓練（以冷靜、沉著，並能以頑強的意志去奪取勝利爲準），所有這一系列的基本訓練，都是必不可少的。

而今有個別的推手運動員，甚至還根本不明白「頂抗」爲何物。認爲反正根據現行競賽規則所允許的範圍以內，在不犯規的情況下，把對方推出或逼出圈子就是了。記得太極名家楊澄甫先生曾經說過：「軟太極法，方是眞太極用法。」（見楊澄甫著《太極拳使用法》一書中的「雜說」，下同）但有的人卻不以爲然，認爲：「比賽嘛，就是『比規則』，硬而能得分的，豈不勝過『軟』而失分者？」正是基於這個觀點的不斷擴散，於是信奉「力大爲王」的人就日趨增多了。

但在這句話中，也反映出現行的《推手競賽規則》還存在著一些問題，因爲從某種意義上說，「比賽就是比規則」這句話是不無道理的。

楊澄甫先生也曾說過：「不要懼牛力，巧內功不能勝大力者，何必練拳?!」他又說：「千斤落空，無所用矣！」說明對付「牛力」，主要靠勤苦地練出「巧內功」，並運用「四兩撥千斤」的方法去獲取勝利。

現在我們客觀地分析一下當前推手訓練和比賽情況，就不難明白：如今能踏踏實實地按照「沾粘連隨」的推手訓練要點，眞正練出「巧內功」的推手運動員，實在太少了；而企圖運用「牛力」取勝的人，卻不在少數。或許這與推手訓練方面所存在的一系列具體問題有關，如教練師資問題、裁判水平問題、運動員選材問題、組隊問題、訓練經費問題、訓練方法和業餘訓練時間問題等等。

在這一系列問題未獲全面的妥善解決之前，勢必會產生訓練方法、方式不對，訓練時間不足，推手選手臨時「拉夫」、倉促應戰，以致質量馬虎，甚或徒具推手外形，全靠「硬拼」來僥倖取勝等不正常的情況。

若再追根究底地從推手技術角度上考察分析，那也不難看出：要想練出「巧內功」，不僅要求方法對頭，而且是遠比練出「硬推硬逼」的「牛力」更費時間。而在目前具有「巧內功」的選手尙少的情況下，蠻力大者自然而然地占了上風，於是，「力大爲王」也就暫時被誤認爲是推手訓練的「捷徑」和成功的「秘訣」了。

其實，上述問題雖然是全國或省市的賽場上反映出來的，而其根子卻在於基層推手訓練的不足。若是有關領導部門光抓全國或省、市的推手競賽，而不去過問基層推手訓練問題是否有了新的突破，那麼，恐怕就不免「年年競賽，歲歲頂抗」，形成「雙重之病永不悟」的僵局了。

此外，如前所述，頂抗問題的存在，與現行推手競賽規則對它所採取的抑揚態度也有著密切關連，例如：當雙方一旦發生較明顯的相互頂抗現象時，場上主裁判是立即制止、還是聽憑蠻力大者把蠻力小者逼出或推出取勝？在硬抗的情況下取勝，是宣判無效、還是準予得分？筆者認爲：發生第一種情況時，應由裁判立即把雙方分開，分開後重新就地接手，繼續比賽（不必經過搭手劃兩圈等手續）。發生第二種情況，往往是因裁判員來不及把雙方分開，而一方已被頂抗出圈了，這時仍應宣布無效，並在邊線內就地接手，繼續比賽。這樣做是爲促使大家不走「力大爲王」之路。同時，也是間接地鼓勵大家逐漸去掌握太極推手「四兩撥千斤」的技巧。

有關推手競賽規則與裁判的具體方法問題尙多，因限於篇幅，只好留待日後以專文另議了。

略論太極推手的發展問題

全國武術對抗項目表演賽始於一九八二年。所謂「武術對抗項目」，包括散手和太極推手。當初，有不少太極拳家對開展太極推手競賽，持極爲樂觀的態度，認爲太極推手項目的發展，將比散手發展得更快、更加順利；在發揚傳統推手技術方面，也會比當時「拳擊加踢腿」的散手更能吸引觀衆。因此，有的太極拳名家還曾呼籲：讓太極推手首先走向世界。

曾幾何時，散手競賽在全國各地有了較迅速的發展，而太極推手競賽雖然也在不斷總結經驗敎訓，使競賽規則漸趨完善，然而從一九八九年七月全國太極推手競賽的情況看，參加推手賽的人數較少，遠不像參加散手比賽那樣踴躍熱烈。相形之下，當前的太極推手確是存在著遲滯不前的趨勢。

當拳友們深感遺憾地談起上述問題時，往往會有人簡單地批評說：「這是推手運動員愛『頂牛』所致。」發言者多半以爲，只要不頂不抗，太極推手競賽就會馬上出現良好的發展勢頭。筆者卻以為如此片面地歸咎於運動員是不夠客觀的：一來頂抗現象逐年有所改善，二來這僅僅是一種表面現象。其癥結似乎還在於選材、組隊、教學、訓練、裁判以及科研等等一系列問題尚未獲得全面解決所致。

一九八九年十月，在成都召開的全國武術論文報告會期間，有一位體育學院的武術老師問起：「太極推手怎樣才能重新蓬勃地開展起來？」我反問道：「貴院武術教研室有幾位教太極拳的老師？」答：「全室共二十幾位老師，個個都兼教太極拳。」我又問：「有沒有專職教太極拳和推手的？」答：「一個也沒有。」其餘幾個院校的武術老師的答覆也大體如此。而且，會教太極拳的老師，不一定個個都會教推手的。可是，差不多每位武術教師都能教散手，並且都是有一手的。

我暗暗地想：關鍵就在這裡了，也們如果有一、二位太極拳和推手的專職教師，只要師資較佳，就會培養出一批較優秀的推手運動員和教練員。其實，這與培養散手運動員和教練員，在實質上是一碼事情！僅僅是訓練的方法、方式上有所不同而已。只要能安排經常性的、較為正規的推手訓練，造就推手人材，當是指日可待的。故而，我建議體育院校建立「太極推手隊」，這樣就可爲太極推手項目的發展解決人才來源問題。這對開拓中華武術事業，促進太極拳和推手更好地走向世界、造福人類，其貢獻是可想而知的。

同樣，各省市似乎也應當有個「太極推手隊」；將來條件成熟，還應該成立「國家隊」！否則想把太極推手項目推向奧運會，豈不成了空話、大話?!如果退一步說，各省市暫時成立不了「推手隊」，能否在各省市的武術隊裡配備專職的推手教練和推手運動員呢？

如果全國各地的太極推手教練和推手運動員，在人員編制和訓練工作等方面都沒法保證，單從民間太極推手愛好者中選拔，採取「臨時拉夫，草草集訓，賽完就散」的辦法，即使再過幾年或幾十年，恐怕其競賽水平依然是上不去的哩，那又如何能因此不頂牛呢?!

此外，也應該看到民間太極拳愛好者的老齡化問題。太極拳的功能是多方面的。而建國以來，各報刊把太極拳作爲醫療體育的宣傳，遠遠超過了太極拳作爲競技項目的宣傳。因而目前有些大中城市打太極拳的，大都是些中、老年人，或者夾雜著一些體弱多病的青壯年人。

總之，在這一領域內，「消極的體育人口」大大地多於「積極的體育人口」。學練太極拳套路與學練推手的人數比例，與當地教師是否兼授推手有著很大的關係，但就堅持練習者的平均比例來說，堅持練習推手的人，在廣大的太極拳愛好者中還是百不得一的。

至於年紀在十八歲以下，健康正常，能學練太極推手並堅持天天練習不輟者，在當今的民間已是少而又少的了，或許在河南溫縣、河北永年等太極拳發源地是個例外吧！

鑒於上述情況，現在要想從民間太極拳愛好者中選材培訓優秀的推手運動員，有時會遇到種種意想不到的困難。今後若眞能把太極拳套路與推手項目結合起來進行比賽，同時各地又能相應地強化推手訓練，保證教學質量，以及落實有關措施，那麼推手項目水平的提高和突破是大有希望的。那時，人們就不再爲推手競賽中「頂牛」而犯愁了。

談談太極推手表演

宏斌《求實、求眞——太極拳、劍及推手研討會側記》一文（見《中華武術》一九九〇年第六期第五頁）提到全國武術協會主席徐才先生志認爲「推手是最富有中國武術特色的技擊項目」，希望把太極推手推向世界。這席「寄望於推手」的話，無論對太極推手運動員、教練員或廣大太極推手愛好者，都是很大的鼓舞。

該文最後寫道：「與會者一致認爲：要使太極拳、劍及推手更健康地發展，就必須求實、求眞，不能再搞那種師徒發功的虛假表演，要實實在在地研究拳法、拳理和競技法則，促使太極拳運動向進一步規範化和科學化前進！」這一結語，也說出了我們的心聲，我們誠摰地希望中國武術研究院採取有力措施，早日把太極推手推向世界。

至於文中所談及的太極推手表演問題，因語焉不詳，故對此聊聊我的淺見。

筆者認爲，這不僅要具備太極推手的技術，而且還要懂一點有關的表演藝術才行哩！

俗話說：「外行看熱鬧，內行看門道。」按理說，眞正高明的表演，必定會取得內行與外行的一致認可。然而目前這樣的表演實在是太少了。因此，欲提高水平首先要經常組織推手表演，特別是通過電視熒屏，讓廣大觀衆經常看到推手表演。

其次，要認眞地向他們介紹推手常識、推手競賽規則，以及怎樣觀看推手表演，以便吸引更多的人逐漸愛上這「最富有中國武術特色的技擊項目」，並由外行變成內行。

這無形中會產生一支積極把推手推向世界的擁護者隊伍，有了這支龐大的隊伍，又何愁太極推手沒法推向世界?!而且，在廣大觀衆的督促、評議之下，批評與表揚並舉，也必定能促使推手技藝水平的迅速提高，進而使推手運動更健康地發展。這樣，一些虛假表演也就難登大雅之堂了。

有人問道：推手表演與推手比賽是一回事嗎？其實，這原本是個很簡單的問題，就像所有體育表演與體育比賽一樣。嚴格地說，這兩者不完全是一回事情。

推手比賽，按競賽規則決勝負，有其一定的可觀賞性。其中高水平的推手比賽，可以當作體育表演來觀看；可是，低水平的呢？就夠不上「體育表演」的資格了。因此，只有較高水平的推手比賽，才有可能作爲體育表演去吸引觀衆，並爲人們所樂意接受。

就推手表演的品種來說，除了高水平比賽、表演賽以外，尚有各種方法性、技擊性的示範表演，如各種推手方法（定步、活步、大捋、爛踩花等等）、發勁方法、走化方法，以及各種招法在推手中具體運用的示範表演。這後者就不是比賽所能代庖的了。

我們知道，就各種招法的運用來說，都必須具備與其運用相適應的先決條件，離開了這個前提，再好的招法也是使用不上的。而要在較短的表演時間內，運用多種不同的招法，使觀衆感到表演豐富多彩，那就必須做到表演的雙方配合默契。惟有這樣，才能產生動作逼眞的實際效果。反之，就會給人以虛假表演的不良印象。這說明，體育表演與正式比賽在本質上是有所不同的；在具體要求上，也應當是區別對待的。

再以表演推手發勁爲例。我們知道，要發勁順暢，就必須具備順勢得實的條件，即所謂「得機得勢」。如果表演雙方都以高超的技術不讓對方得機得勢，那觀衆也就看不到「發勁表演」了。所以，表演時也只能適當地給對方「喂勁」，即「授人以柄」，才有可能表演得精彩。如配合不夠默契，或是動作過分，那也會給人以虛假表演的感覺。因此，推手表演，務須掌握分寸，發揮熟練的技擊功夫和表演技巧。同時也要熟悉觀衆「看熱鬧」與「看門道」的心理，使雙方表演能恰到好處。這裡就存在著推手表演藝術，以及所謂「藝術眞實」，這當然也在「求實、求眞」的範圍以內了。

或許有人讀到這裡會驚呼：「這說的是表演，不是眞功夫！」其實，我們談的不正是「推手表演」麼！至於眞功夫，那麼試問《少林寺》、《太極神功》等電影表演的是「眞功夫」嗎？同樣，比賽與表演是各自應用其已有的眞功夫的，僅僅是各人功力與擅長有所不同而已！

太極拳推手勁力論

一、力勝與智取

清代王宗岳《太極拳論》說：「斯技旁門甚多，雖勢有區別，概不外乎壯欺弱、慢讓快耳！有力打無力，手慢讓手快，是皆先天自然之能，非關學力而有爲也。察『四兩撥千斤』之句，顯非力勝；觀耄耋能禦衆之形，快何能爲?!」又說：「每見數年純功，不能運化者，率皆自爲人制，雙重之病未悟耳！」上引「先天自然之能」，是指常人所有的力量和速度。分析「顯非力勝」一語，則可以肯定：既然不主張以強力勝人，那無疑地是以智巧取人了。

至於「快何能爲」句，則是相對地強調「快了不如巧了」。因而太極拳推手運動是歷來講究聽勁、問勁、答勁、懂勁，嚴蹈沾、粘、連、隨之規矩，不犯頂、抗、匾、丟、拖、拉等雙重之弊病的。

上述這些主張，決不是無端地一概否定「力」和「快」的重要性；而僅僅是否定缺少實效的拙勁呆力，以及否定盲目的快。其關鍵則在於如何運化問題。

二、快速與緩慢

太極推手強調快慢相宜。《太極拳論》說：「動急則急應，動緩則緩隨。」顯然，太極拳並不是不要快，而是要求做到快慢都能得其宜，即隨彼之動而動，彼快己快，彼慢己慢。其目的乃是在相隨相應之中，確切感知對方勁的變化，做出準確、及時的反應。這也就是我們所常說的「隨機應變」了。反之，如不顧實際情況，盲目求快，或快來慢應，那都會導致推手競技過程中的失敗。在太極拳術語中，這類快慢不能隨人的現象叫做「自作主張」。凡不能「捨己從人」、快慢不合時宜的，均屬於「雙重之病未悟」，亦即所謂「不能運化者」也！

三、本力與運化之力

力量似可分爲「先天自然之能」的「本力」，以及經過太極拳訓練的運化之力。本力，即固有的力；運化之力，即「太極內勁」。人們往往誤將本力等同拙勁、呆力來加以理解，愚以爲這樣未免過於籠統。例如：經常從事體育活動的青少年，有不少人本力較大，但拙勁呆力較少；他們學練太極推手後，經過化僵去滯的階段，很快就能練出內勁。

相反的，一些從事簡單的重體力勞動的人，由於日常勞動中以直力爲主，日久形成動力定型，儘管本力很大，但在學習太極推手時，就顯得巧勁少而呆直力多，與太極拳以劃圓圈、走弧線爲主的動力定型格格不入，其運化所需的過程，自然也要長得多了。

四、先天不足，後天要補

另一種情況是，體弱多病的人本力較小，經過太極推手訓練長了內勁，可惜其內勁仍不足以化解和抵禦強力，應了「一力降十會」的拳諺。因此，他們雖會推手，卻難以化解大力。當然，這個「會」字應帶上問號，因爲還存在體質和體能問題。作爲推手運動對手的兩個人若體質差距過大，弱者僅憑技術優勢，亦不一定能取勝。

這說明以弱勝強是有條件的。對有些體格纖弱的人，從有無拙勁呆力上檢驗，似乎不易檢驗出來。他們的雙重之病往往表現在容易被人壓扁打出。究其原因，在上，是因掤勁不足，或易丟失掤勁，違反了太極拳推手「掤勁不丟」的基本要求；在下，則是因腰腿力量不足，底盤不固，腰軸轉動不靈，後腿支撐不力。

雖說是由於基本功不過硬和內勁不足所致，但實際上，與體質、體能不佳也有著極爲密切的關係。

以上說明：「先天不足，後天要補。」一定要在學練推手的同時，積極地通過各種有效的手段，改變自己的體質，增強自己的體能，這樣才能造就既有技巧、又有內勁的推手運動員。

五、小力與大力

實際上，《太極拳論》中「顯非力勝」的「力」字，是指外勁強力，而不是指內勁巧力。楊澄甫先生在《太極拳使用法》（文光印務館一九三一年版）一書中所說的「巧內功」，那才是指內勁巧力。他告誡學生們說：「不要懼牛力，巧內功不能勝大力者，何必練拳?!千斤落空，無所用矣！」拳諺也有「以巧破千斤」之說，它與「四兩撥千斤」屬同一個意思的兩種說法。

而「無力打有力」、「小力勝大力」，其實仍是同一意思的第三、四種說法。儘管看問題的角度和說法都稍有差異，但其「以小勝大」、「以弱勝強」的意義卻是一致的。

在太極推手傳統術語的應用上，「無力」與「小力」是同義的，如同俗話所說的「勿用啥力氣」或「不費吹灰之力」。但這並不意味著眞正的軟弱無力。內勁不露於外形，發勁留有餘地而不主張使盡、使絕，這都是「無力」、「小力」等說法的起因。何況，既然「以巧」可「破千斤」和「四兩」可「撥千斤」，那又何必非得耗去千斤的巧力內勁去破對手的千斤呢？當然，這都是形象化的、帶有誇張意味的說法，對親身參加太極推手實踐的人來講，是不難理解它的。

總之，「無力」不等於沒有內勁實力，更不是不練就有勁；「小力」也不是指內勁很小，而是指耗力較小而已！

六、用意與用力

「用意不用力」，著重指鬆開全身肌筋骨節，以意識支配動作。實即相當於一種放鬆訓練。楊澄甫先生在《太極拳說十要》一文中就曾談到：「若不用力而用意，意之所至，氣即至焉！如是氣血流注，日日貫輸，周流全身，無時停滯。久久練習，則得眞正內勁。」

他還指出：這正是前人所說的「極柔軟，然後極堅剛」。所以，練習太極推手必須遵循「以鬆入柔，柔中寓剛，剛復歸柔，剛柔相濟」的勁力鍛鍊方法，而絕不主張以強力相拼或打消耗戰的。

所謂「意到、氣到、勁自到」，同樣是強調不要把意識傾注到用氣和用力上去，反之，就「在氣則滯」「在力則澀」了。換言之，推手時，何處著人，意識使到何處，而氣與勁自然會隨之到達的。這樣才能使意、氣、勁三者合一。

相反地，如果把意識貫注在用氣上，那就易使呼吸緊張，內氣上浮；如果把意識傾注到用力上，那也會使肌筋骨節緊張，而把應該透發出去的勁力，都阻滯在緊張的關節和肌肉之中了。由此說來，「用意不用力」的術語，和常人所理解的不用力是不盡相同的。

最後，提醒一句：學習太極推手一定要練出內勁巧力，否則就談不上有「巧內功」；但這是一種「活力」，而不是「死力」。什麼是「死力」？簡言之，凡力大而轉不了彎的，就是「死力」。

中華武術散手、推手溯源與釋名

(一)

中華武術，源遠流長，歷史悠久。武術，古稱「武藝」，素有「十八般武藝」之說。一九四七年版《辭海》說：「我國近稱國內原有之武藝曰『國術』，亦稱『國技』，所以別於外來之武術而言。其研究技擊之機關有國術館。」解放後，武藝始又統稱「武術」。我國東南沿海一帶民間，俗稱武術技藝爲「功夫」。因之，「功夫」也就成了武術的別名。現在世界各國也往往稱中國武術爲「功夫」。近幾年國外新版的英、法、德、日文辭典，都相繼收入了這個「外來語詞」——「Kungfu」(功夫)。

「十八般武藝」原是形容武藝的全面，並非今天有的書刊所說的「即十八種武器」。古籍中爲「十八般」塡充的十八種名目，那也只是古人根據當時或前代民間流行的十七種古兵器加上拳法湊成的，而且是衆說紛紜的。其實，古兵器何止十七種？但有一點是一致的，即：「十八般武藝」中包括拳和械。後世的「拳」，包含了散手和套路。

明代戚繼光《拳經捷要篇》說：「其拳也，爲武藝之源。」而散手技擊無疑是拳術的精髓所在，亦爲拳術套路生命之源泉。元、明時期，稱「十八般武藝」中的「拳」爲「白打」。白打即散手的異名。明代以後，拳術套路迅猛發展，尤以晚淸至今一百多年來繁衍的數量最爲可觀。但拳術套路與散手，依然是相互依存和互爲因果的，這也就是前輩武術家所常說的體用關係了。

從我國漫長的歷史上考察，散手競技的產生與發展的歷史，是遠比拳術套路產生的歷史要早得多。今之武術史家，一般認爲拳術套路始自隋唐時期。這僅僅是一種推理，因爲明代以前，已無現存的古代拳譜等文物可供考證。我據個人研究認爲，早在兩千年以前，已有西漢劉安《淮南子》所記的「六禽戲」等導引套路註(1)(2)；六禽戲取材於西漢《導引圖》註(3)，而馬王堆西漢帛畫《導引圖》自一九七三年冬出土以來，經筆者反覆考證研究，斷定其全圖四十四式，乃是根據古老的《十一脈經》，按每脈四式編套的導引套路，似可稱之為「導引四段功」，計十一套註⑷；稍晚的東漢華佗創編了「五禽戲」註⑸，這一著名的導引套路，實際上是以《淮南子》六禽戲為基礎改編而成的。以上三者是一脈相承的。這是經過個人多年考據獲得的結論。

導引是一種養生醫療藝術，屬醫療體育範圍。拳術是一種搏鬥藝術，在古代屬於「兵技巧」範圍，即相當於今之國防軍事體育。這兩者雖是各有淵源及其發展道路的，但它們之間卻往往又是相互借鑒和吸取另一方的理法、養分來充實自己的。由此推想，既然在西漢初期已有簡單的導引套路，那麼在當時也可能已有古拙簡樸的、連綴幾式而成的拳術套路了。這一推論，惟有留待今後考古文物和史料的新發現來驗證其是非了。

拳術，古稱「拳法」或「拳」。源出先秦古籍上所說的「拳勇」。如《詩經．小雅．巧言》：「無拳無勇。」《國語．齊語》：「桓公問曰：於子之鄉，有拳勇股肱之力、秀出於衆者？」說明拳法本身已包含了勇和力，實即拳勇之法，或者說是徒手搏鬥之術。所以在我國自先秦時期迄至中古時期，也稱拳術散手為「手搏」、「相搏」、或「相撲」，後來又稱「白打」、「短打」。其名目雖有區別，範圍也略有廣狹之分，但實際內容卻是大同小異的。這一系列流行於不同歷史時期的名詞中，搏、撲、打等三個字都應訓解爲「擊」。

《爾雅・釋訓》有「徒搏」一詞，《孔叢子・問答》有「手搏」一詞，但都是指人與野獸的徒手搏鬥。《谷梁傳》多次應用「搏」、「相搏」等詞，那才是指兩人的徒手搏擊。晉・杜預等人註：「搏，手搏也。」東漢・班固《漢書・藝文誌》更記有《手搏》六篇的書目，且被列爲「兵書」類的「兵技巧家」。以上足以說明，拳術是從人獸及人們的徒手搏鬥發展而來的，而《手搏》六篇正是總結此前手搏理論和實踐經驗的一種專著。這也證明我國拳術自古以來就兼具體育、藝術和國防價值的；它的多種功用，在後世也是因人因時而有所側重的。

「相撲」一詞，較早見於《北史》與《晉書》，實際上是「相搏」的異寫罷了。搏、撲二字古音相通，都是「擊」的意思。如《字林》說：「手相搏曰『撲』。」作爲體育競技戲樂項目的名稱，「相撲」多見於宋代古籍。而今人觀看了日本的「大相撲」表演，往往認爲這就是我國古代相撲的活標本。事實上這是傳入日本後，經過他們累代改革演變的一個武術分支流派，即使在日本也不是主流派，它是無法表達我國古代相撲之全貌的。

有人望文生義地認爲，相撲就是摔跤。這是因爲撲字的今義一般不再作「擊」解的緣故，往往把相撲理解爲「相互撲在一起」的意思了。試考今之吳越方言仍沿稱打架爲「打相打」，這一古稱才是相撲的本義。若說有所區別，那僅僅是體育競技在本質上有別於打架而已。若就其形式來說，那也就包括踢、打、摔、拿、跌等法在內了。一言以蔽之，相撲也就是今稱武術散手，而不是限於「上摔、下絆跤」的摔跤。而摔跤則是廣義的武術中的一個專項，如同今天的射箭一樣，是拳術的兄弟項目。

再有《漢書》中的「角抵」一詞，是被清代史學家王先謙註解爲「貫跤」的。貫跤，即摔跤，也稱「摔角」。其實角抵不是摔角。「摔角」是在「角」字上面突出了一個「摔」字，也即以摔法爲主的角鬥。角抵起於戰國時期，是一種以校武藝用以相誇示的戲樂。它的內容可廣可狹，但不外乎是包括「手搏」在內的對抗性體育競技表演。它從秦二世時起始名「觳抵」，漢時作「角抵」、「角氐」（角氐，見《漢書．張騫傳》）。《五代史．義兒存賢傳》作「角觝」，唐代古籍多以此爲名。《漢書．武帝紀》：「元封三年（按：即公元前一〇八年）春，作角抵戲，三百里內皆來觀。」東漢・應劭註：「角者，角技也；抵者，抵觸也。」文穎註：兩兩相當，角力、角技藝、射御，蓋雜技樂也。」以上說明這是個多項目的演武競技，但以「兩兩相當」的較藝爲主。清人王先謙補註說是「貫跤」，則謬矣！後世的角抵戲雖有所演變，但仍離不開這個範圍。

關於「角力」一詞，有三種解釋：

1.以武力較勝負，如：《漢書・隗囂傳》：未能觀兵成都，與子陽角力。」《三國誌・華覈傳》：「今當角力中原，以定強弱。」

2.校力之戲或比試勇力的各種徒手競技項目，自然也包括手搏在內，如《禮記・月令》：「孟冬之月，……天子乃命將帥講武，習射御角力。」但有的學者認爲：此處「射御角力」句，仍是射御較勝負之義。筆者以爲此句似應標點爲「習射、御、角力」。即操練射箭、駕戰車和比試拳勇股肱之力。

3.專指摔跤的一種，但這恐怕是後來才產生的新義了。換言之，原來「角力」一詞是包括拳術散手和摔跤等在內的，但一般不是專指一項；而且，在元代以前的古籍中，角力是以「手搏」爲主要內容的。這些都須要根據古書的文義來進行辯析。

以上所述各種名目，都與今天的武術散手有著直系或旁系的親緣關係。然而「散手」一詞的出現也是相當早的了。《居延漢簡》就有「相錯畜，相散手」一語。陳邦懷《居延漢簡偶談》說：「相錯畜，言二人之交錯相聚畜，其意即搏也；相散手，言由搏手而散手，或張或弛，乃兵家之技巧也。」（見《考古》一九六三年第十期。）詮其大意，實即犬牙交錯的徒手搏擊。這說明漢簡中的「相散手」，也就是相搏、手搏的同義語了。今天的散手已被列爲武術項目中拳術運動的一個專項，它與古代散手無疑是脈絡相承的。同時，它已以嶄新的面貌，出現在一九八二年全國武術對抗項目表演賽大會上，重新回到祖國的拳術運動中來，這確是可喜可賀的事情啊！

㈡

太極拳據傳創於明末，已有三百多年的歷史。從較早陳式太極拳架式考察，它極可能是從明代戚繼光《拳經》三十二式長拳演化發展而來的；而在理論上則是陸續汲取了古代內家拳等拳論著作，借以充實和形成自己的獨特風格的。「推手」一詞，是楊式太極拳假借「岳氏雙推手」之名而擬定的。在此之前，河南溫縣陳式太極拳稱之爲「擖手」，近人陳子明（?～一九五一）《陳氏世傳太極拳術》一書（一九三二年上海版）中曾稱之爲「擠手」。現在一般統稱爲「太極推手」。而清代乾隆年間（一七三六～一七九五），山西王宗岳則稱之爲「打手」，並著有《打手歌》一首：

掤捋擠按須認眞，上下相隨人難進。
任他巨力來打我，牽動四兩撥千斤。
引進落空合即出，沾連粘隨不丟頂。

這首七言六句歌訣原載於王宗岳《太極拳譜》，如今早已被後人尊奉爲太極推手的經典著作之一，成爲太極推手、散手的指導原則了。有的武術史家認爲：「這道拳訣不是王宗岳所作」，但論據似不夠充分。

「打手」一詞在古代是多義的。如《明史·兵誌》：「其不隸軍籍，所在多有，而嵩及盧氏、靈寶、永寧（筆者按：嵩，嵩山一帶，餘三縣皆在河南西北部。永寧，即今洛寧。）並多礦兵，曰『角腦』，又曰『打手』。角腦，就是「角力或角抵的頭腦」。

角力與角抵都已在前文敘及，現在再引證一下宋人筆記文中的解釋：宋代吳自牧《夢粱錄》說：「角觝者，相撲之異名也，又謂之爭交。」宋代耐得翁撰《都城紀勝》也說：「相撲爭交，謂之角觝之戲。」所謂「爭交」，即爭鬥與較量的意思。交，交手、校力。那也就是包括踢、打、摔、拿、跌在內的爭交。說明「角腦」實即相搏高手的意思。打手，打，擊也，與搏、撲義同，那就是「拳王」的意思了。所有這些證明，這裡的「角腦」與拳手基本上是一個意思的兩種稱呼。

明末清初散文家魏禧（一六二四～一六八一）所撰《兵跡》說：「四方行教者，技藝悉精，並諳殺法，名曰：『打手』。」那也是「拳手」的意思。據顧留馨等同志考定為太極拳創始人的陳王廷（《陳氏家譜》作「陳王庭」；族譜、墓碑作「王廷」。），《家譜》中也旁註有「陳氏拳手」等字樣。魏禧，即魏冰叔，與陳王廷是同時代人，而略早於山西王宗岳。由此觀之《打手歌》似也可作「拳手歌」解。

另一義是，手與拳通義。今人多把走架稱爲打拳。古代「打拳」一詞則所指以散手較藝爲主，如戚繼光《拳經捷要篇》篇末說：「余在舟山公署，得參戎劉草堂打拳。」「打手」亦可解作「打拳」或「散手」。而且，推手原本也是屬於散手範圍的。清代太極拳家李亦畬（一八三二～一八九二）輯有《打手要言》，其「打手」二字即取自王宗岳《打手歌》。故現在大家都公認王宗岳《打手歌》即《推手歌》。

三百餘年來，太極推手理論和方法日益繁富，並達到強弱、老少咸宜的地步，那是歷代太極拳家和廣大太極拳愛好者在繼承前人實踐經驗的基礎上，不斷地創新發展所獲得的豐碩的結果，而顯然不是個別人的功績了。

㈢

綜上所述，自先秦到清末，拳勇、手搏、相搏、相散手、角抵（觝抵、角氐、角觝）、相撲、散手、打拳、打手、短打等等名目，實際上都是我國古代拳術從實戰到體現實戰的本色，是搏鬥技藝的根基所在。它們在不同的歷史時期，雖存在名稱異同和內容廣狹之別，但其基本內容，卻是一脈相傳的。由於我國拳術具有數千年的發展歷史，因而其分支流派之浩繁，自不待說，然而綜觀其基本內容，仍不外乎散手和套路兩大組成部分。從整個武術來說，也就是拳諺所說：「功為基礎，拳為中心，打為應用，械為發展。」但器械部分，在理論原則上也是以散打與套路組合而成的，僅僅是器械散打已不太流行而已。若與國際擊劍運動對照起來觀察，也可說中國武術的器械散打萎縮已久了；或者說已被器械對練套路所包攬了。

有些人傾向於維持現狀，把拳械套路看成是武術發展的「最高形式」，並認為「如果把技擊提高到一個至高無上的地位，那將妨礙和限制武術運動的發展」。而本人認為：經過提煉昇華的拳械套路，與散手應該是相輔相成的「兩條腿」，是缺一不可的。即使把套路說成是最高形式，但如長期缺少體現實戰形式的散手技擊的基礎，也會使「最高形式」因缺乏根幹的支撐而阻礙其「百尺竿頭更進一步」。

武術以技擊性為第一義，一旦離開了技擊性，也就結束了武術的生命。這一點對武術套路來說也不例外。但這並不排斥武術的藝術性、文娛性、體育性、……總之，發展到今天，中華武術早已成爲一門綜合性的體育藝術；然而就其核心內容而言，依然是離不開「技擊」二字的。

關於地位的高低問題，這就像兩條腿的高低一樣，自以相當爲好。就體用關係來說，套路與基本功都是基礎，是「體」；散手競技則是體現應用的，是「用」。就源流關係來說，散手無疑是套路的源泉。它可以促使和團結各個不同拳派，都在同一規則下來參加對抗性競技和交流。而套路猶如百川，亦如繁花。源泉不絕則川流長，根深葉茂則花盛開。所以，若爲中華武術發展前途計，以及從推向世界的廣闊角度來看問題，這「兩條腿走路」的方針無疑是十分正確的。

建國以來，我們以長拳、南拳、太極拳爲武術發展的重點項目，在武術套路方面有了長足的進步，其成就是巨大而喜人的。但在武術散手對抗競賽方面，卻放棄和讓位於日本與東南亞各國，這不能不說是一大缺陷。經過近幾年的重新籌劃和試點，終於在一九八二年舉行了首次全國武術對抗項目表演賽。南拳北腿、各顯神通。搏得了廣大觀衆的熱烈掌聲。

〔註〕：

(1)沈壽：《西漢劉安〈淮南子〉六禽戲的考釋與研究》。《中華醫史雜誌》一九八一(3)：一七八～一八一頁。

(2)沈壽：《重譜西漢六禽戲圖說》。《北京體育學院學報》一九八三(1)：四～八頁。

(3)沈壽：《西漢帛畫〈導引圖〉解析》。《文物》月刊一九八〇(9)：七十～七六頁。

(4)沈壽：《西漢帛畫〈導引圖〉結合〈陰陽十脈灸經〉綜探》。《成都體育學院》一九八三(4)：一一～一五頁。

(5)沈壽：《古本華佗五禽戲考釋》。《成都體育學院》一九八〇(2)：六～一六頁。

讓更多的人參加推手運動

太極推手運動作爲一種保健手段，使參加者深深地感覺到，這種以柔爲主、剛柔相濟的對抗性運動，確是饒有情趣的。它既能陶冶性情、促進友誼和引導人們作持久鍛鍊，又有暢活氣血、防病祛疾、延年益壽之效。這無疑是中老年人所喜愛的一種養生之道。

而自一九八三年經國家體委審定的《太極推手暫行競賽規則》問世以來，愛好太極推手的青壯年人也越來越多了。

按照全國統一的太極推手競賽規則進行較量，使推手的勝負有了一個可衡量的統一和客觀尺度，這無疑是有利於提高推手的技術和戰術水平的。在友好的氣氛中進行比賽，既有增強意志和體質的積極作用，又能給人們所帶來無比的歡樂，自不失爲一項人們所喜聞樂見的富於文娛性的體育項目；它在豐富和活躍群衆業餘生活中，也將日益發揮作用。

由於推手競賽是有勝負的，而爭奪勝利有足夠的毅力、勇氣和耐久力，其運動量和強度也遠較日常的一般推手活動爲大。在高手雲集的場合，眞可謂千姿百態、各顯神通了。於是，便吸引和激發了青少年人愛好太極推手的濃郁興趣。但目前參加推手活動的青年的人數不夠多，特別是少年的人數極少，他們的技藝水平也還較低。如能再吸收一部分少年兒童參加，從少年兒童時代就開始進行適當的推手訓練，那必定會在未來的推手競賽中獲得較好的成績；並在太極推手運動推向世界、成爲國際競技體育項目之後，仍能使我國選手保持一定的優勢。若從青年時代才開始學習和訓練推手，那已經是遲了一步，將來更會跟不上形勢的發展。

至於從中老年人中去尋找和選拔推手運動的選手，那除非是爲了參加同一年齡組的表演賽。反之如爲了參加與青壯年們劇烈爭奪勝負的正式競賽，這原本就是不符合中老年人生理和心理衛生的。而且，對中老年人進行推手訓練，這對於提高整個推手競賽水平，肯定是無濟於事和勞而無功的。這麼說，絕不是反對中老年人參加推手活動，而是必須分清活動與競賽、學習和訓練的年齡界限。而《太極推手暫行競賽規則》中的「年齡規定」：「㈠男子：十八周歲～六十周歲。㈡女子：十八周歲～五十周歲（競賽暫不試驗）。」其起迄年齡都偏大了許多。從十八周歲作爲參賽的最小年紀，說明這只是「成年人的推手競賽」了。從男女分別以五十、六十周歲作爲參賽的最大年紀，則說明選手中已包括了「準老人」。筆者認爲，似有必要按年少、成人、中老年分成三組，並把「中老年組」列爲表演賽。與此同時，還必須加強對推手比賽的醫務監督。總而言之，要想提高推手競技水平，關鍵在於抓好青少年的訓練和競賽工作。

近幾年來，推手競技水平提高得比較緩慢，其原因固然是多方面的，如缺乏開展推手競賽的經驗，競賽規則還不夠成熟，裁判人手不足和裁判水平有待提高等等。但我們認爲，目前普遍存在著業餘訓練不足，即受訓人數少、素質差、年齡偏大、訓練時間不足、訓練內容不夠正規的問題，這恐怕是當前推手競技水平提高緩慢的癥結所在。

爲此，吸收更多的人來參加推手運動，特別是吸收和挑選一批素質較好的青少年，在堅持自願參加的原則下，進行比較正規的業餘訓練，乃是促進推手運動健康發展，並爲太極推手走向世界創造條件的必由之路！

哪些人不宜參加推手運動

一般地說，太極推手運動是老少咸宜的。老年愛劃圈，少年好競技，開展太極推手活動可以各得其所。可是，也有一些人是不宜參加這一項運動的。例如：患有傷風感冒，紅眼病（結膜炎）、肺結核、病毒性肝炎、傳染性皮膚病等患者，在疾病痊癒之前，暫時是不宜與人推手的，否則不僅會因推手勞累而加重自己的病情，而且會因推手時通過肢體的接觸和呼吸的途徑，把病傳染給對方，進而使這種傳染病在更大的範圍內傳播擴散。這顯然是有悖於武術和公共衛生道德的。

我們常說，「習武德在先」、「拳以德立」，而這不正是我們應該遵守的武德之一嗎？將疾病傳染給別人，這是高尚的拳友所絕不願做的。有人或出於一時疏忽，並不自覺，但不可姑息、遷就。

其次是高血壓、心臟病和有癲癇病史等的患者，一般在緩解期內是可以作一些保健性推手練習的，但不必去追求技擊，更不宜參加正式推手競賽。

孕婦最好暫不參加推手運動，以免因勞累等原因導致腹痛、陰道流血，甚至引起流產。其它各種慢性病患者，凡在急性發作期中，都不宜參加推手運動，以免因疲勞而加重病情。

再次是大飢、大飽、大恐、大怒、過度疲乏或酒後，都不宜與人推手，否則不但對健康不利，而且會因動作的自控能力明顯降低、肢體各部的協調性差，導致發生失控誤傷等意外事故。這是不可不加以預防的。

總而言之，太極推手是一種體育運動，不論參加推手練習或進行推手競賽，其目的都是爲了增強體質，因此，必須講究方法，遵循武德，提倡良好的武風，杜絕有違於道德或有害於健康的任何行爲。

太極推手的意志心理訓練漫談

武術競技訓練，應當包括身體素質、技術、戰術和意志心理等訓練內容，太極推手競技訓練也不例外。但在民間所見，卻往往偏重於著法訓練，而忽視其它。這樣要想在省、市級推手競賽中奪取勝利，就顯得困難重重了。別的不說，首先會遇到臨場和競賽過程中的心理障礙，俗語稱之爲「慌場」或「臨陣忘兵法」。

然而不只新手要克服心理障礙，即使是老手，也要時刻警惕自己意志心理方面的波動和失調。當然，新手最易發生「上場慌」，一慌，技術、戰術就難以充分發揮。這時，常會變成一味拼力氣，從根本上忘掉了太極推手的沾、粘、連、隨等基本要求，而剩下的就只有頂、抗、匾、丢了。那又如何能不導致失敗呢?!

再如，有的人處逆境能沉著應戰，一旦進入順境後，反而惴惴不安，怕別人追上來反敗爲勝。結果在心理上求穩怕輸，隨之也就會影響到技、戰術水平的發揮；甚至從此時開始，在風格上「由虎變貓」，而其後果就有可能「由怕輸變爲眞輸」了。

當然，也有另一種「贏得起，輸不起」的人，贏時趾高氣揚，一切很順手；一旦輸了一、二分，就張惶失措，甚至輕易棄權認輸了。這種人怕打惡仗，意志也顯得不夠頑強。

此外，心理上的各種應變能力也極爲重要。我們常常聽到有個別參賽的人抱怨裁判誤判或判得不公正，有的人就因此在競賽時慪了一肚子氣，而不是通過正常的途徑去解決這類問題。事實上，誤判或判得不夠公正等現象都是有可能發生的，自己原本在思想上就應當有所準備，所謂「有備無患」是也！這樣一旦發生類似現象時，對自己的精神思想上就不會產生嚴重的干擾。而有的人卻往往因此賭氣發狠，胡亂比賽終場；個別人還因此任意棄權退出比賽。這樣就顯得胸襟不寬和心理失控了。類似情況也會發生在觀衆干擾之時，那就更反映出精神高度集中能力的不夠了。

拳諺說：「沉著爲拳藝之本。」而沉著也確實是一種意志力的表現。人們一般把「勝不驕、敗不餒」，「打不爛、拖不垮；咬得住、拿得下」等等頑強拼搏的精神歸結爲拳風，認爲這是傳統武術的優良作風。然而這種拳風是只有通過意志心理訓練，有意識地進行培養，方能在競技中經得住考驗。否則即使在平日還過得去，而到了競賽的關鍵時刻就過不去了。

或許有人認爲，「意志心理訓練」不是我國傳統武術所固有的，認爲這是現代體育中的新概念，是來自歐美的「舶來品」。其實不然，我國武術素來強調培養精神意志和膽略氣魄，明代戚繼光說：「臨陣若無膽向前，空自眼明手便。」

拳諺說：「心力不堅，則無勁健。」而《少林拳術秘訣》一書則認爲：拳術「以氣功爲始終之則，神功爲造詣之精，究其極致所歸，終以……超脫於生死恐怖之域，而後大敵當前，槍戟在後，心不爲之動搖，其氣始可以壯往。」說明武術氣功，也是意志心理訓練的一種主要手段。從這裡也可看出，我國傳統武術中，有關意志心理訓練的內容是十分豐富的。如先師童崇武老人所留傳的「內家八樁」，就是充滿了意志心理訓練的內容的。（見一九八二年《武林》雜誌第六～七期連載。）

而太極拳在走架時採取「慢中求功」的方法，這本身就包含了意志心理訓練、身心放鬆訓練，以及意識、呼吸、勁力（即意、氣、勁）三者結合爲一的訓練。

不過，是否有意識地去從事這種訓練？是否自覺地把這種訓練與推手訓練結合起來？這是決定有無訓練效果的關鍵所在。

有一些參加推手訓練的人，既不重視遵守必要的紀律，又不肯自覺地去培養自己的頑強意志和沉著、穩定的心理因素，卻表現出一種自由散漫，或任性、急躁、懶散等等不良作風，而使人感到修養太差，拳風不正，以及意志力薄弱。

所有這些，正是推手競技運動員所要力戒的「致命」的弱點了。這類心理素質方面的缺陷，也只有通過嚴格的、有紀律的集訓，才有可能得到克服和矯治的。反之，如果聽其自流，日後就難免會積習難返了。

太極推手與《孫子兵法》

我國春秋末期的軍事學家孫武所著《孫子兵法》（簡稱《孫子》），是我國現存最早的兵書之一，也是世界最古老的一部兵書。《孫子》不但具有豐富的古代軍事戰略思想，而且具有樸素的唯物觀點和辯證法思想。正因爲如此，《孫子》一書在我國和世界的軍事學術史與哲學思想史方面，都占有極爲重要的地位；而其對古今拳學的深刻影響及其指導意義，也是顯而易見的。

拳諺說：「拳、兵同源。」早在漢代，手搏就被列爲「兵技巧」的重要內容之一。後世拳術競技在戰略、戰術等方面的基本原則，因其與兵法有相通之處，所以，通常是有選擇地從中借鑒和吸取其精華的。已故的著名武術家溫敬銘教授（一九〇五～一九八五）生前常說：「古來習拳知兵法，不知兵法莫對手。」這話是有一定道理的。

筆著鑒於全國性太極推手競賽活動的開展已歷時多年，故特結合平素在太極推手方面的鍛鍊實踐，來論證《孫子》的軍事哲學思想對太極推手的指導意義，以供太極推手運動員、教練員、裁判員以及廣大的推手愛好者參考。

一、「知彼知己，百戰不殆」

這句話出於《孫子・謀攻篇》：「知彼知己，百戰不殆；不知彼而知己，一勝一負；不知彼不知己，每戰必殆。」註⑴知，了解。殆，危險。後世成語有作「知己知彼，百戰百勝」，雖亦典出於此，但以「不殆」較為實際，而「百勝」則未免帶有誇張的成分。

戰爭中敵我雙方是最基本的一對矛盾，只有深刻地了解敵我雙方的情況，才能避免犯片面性的毛病。毛澤東同志在《論持久戰》一文中說：「孫子的規律，『知彼知己，百戰不殆』，仍是科學的眞理。」註⑵這是對《孫子》這句話的高度評價，同時也闡明了對《孫子》一書「古為今用」的現實意義。

此前，毛澤東同志早在一九三六年所寫的《中國革命戰爭的戰略問題》一文中，就已明確指出：「中國古代大軍事學家孫武子書上，『知彼知己，百戰不殆』這句話，是包括學習和使用兩個階段而說的，包括從認識客觀實際中的發展規律，並按照這些規律去決定自己行動克服當前敵人而說的；我們不要看輕這句話。」註⑶這裡既指出了《孫子》全書中最精闢的一個命題，又對這一命題作了通俗易懂的解析。這肯定是有助於我們更好地理解孫武的這句名言的。

在太極拳的古典理論著作中，也不乏引述或發揮孫武的這一名言的，如清代乾隆年間（一七三六～一七九五）王宗岳所著的《太極拳論》說：「人不知我，我獨知人。英雄所向無敵，蓋皆由此而及也！」註⑷很明顯，這話實是以上述孫武名言爲依據而加以引申和發揮的。

再如，清代李亦畬（一八三二～一八九二）《走架打手行工要言》寫道：「欲要引進落空、四兩撥千斤，先要知己知彼；欲要知己知彼，先要捨己從人；……」又說：「平日走架是知己功夫，一動勢先問自己：周身合上數項不合？少（稍）有不合，即速改換，走架所以要慢不要快，打手是知人功夫，動靜固是知人，仍是問己。自己安排得好，人一挨我，我不動彼絲毫，趁勢而入，接定彼勁，彼自跌出。如自己有不得力處，便是雙重未化，要於陰陽開合中求之。所謂『知己知彼，百戰百勝』也」註(5)！文中「打手」，即今稱之推手。李亦畬根據《孫子》「知彼知己，百戰不殆」的名言，結合太極拳走架和推手實踐，提出「平日走架是知己功夫」和「打手是知人功夫」，並作了具體的解釋。

據太極拳體用之說，太極拳以走架爲「體」，練體，也即練知己功夫；太極拳以推手、散手爲「用」，練用，便是練知人功夫。但這兩者是密切關連的，是互爲因果、相互促進和相輔相成的。太極拳家孫劍雲（一九一四～）說：「練『體』就包括著『用』，練『用』也離不開『體』。……但單人練習，不易找到『用』的妙處。」註(6)換言之，走架中雖然包含了足以供應用的各種著法，但如只練走架，仍是難以掌握著法的使用規律，更談不上「懂勁」和「階級神明」了。

從這個意義上說，只練走架，不但無法「知人」，而且其知己功夫也一定是有限的；相對地，推手雖是知人功夫，卻也包含著知己功夫，這正如李亦畬所說的「動靜固是知人，仍是問己」。不過，太極拳是以走架爲基礎功夫的，基礎扎得不牢實，應用於推手、散手時，也不免會頭重腳輕，頂頂抗抗和僵滯不化的。

總而言之，要達到知己知彼，那就必須把走架和推手這兩種功夫結合爲用，做到體用兼修，如此勤學苦練，日久「由著熟而漸悟懂勁，由懂勁而階及神明」，這原本是意料中的事情啊！

最後，還必須說明一點是，走架與推手乃是太極拳的兩個組成部分，是對立的統一體。而初學的人往往在走架時忘了存想「無人人打影」（也叫「無人若有人」）的知人功夫；在推手時卻又撇開了走架中的知己功夫，甚至連基本用法都來自太極拳架以外的東西，如使用彈擊、撞擊、硬拖、硬拉、硬叉、箪夾、抱摔等等，幾乎成了個「四不像」。那就設法說這些是太極拳的知己和知人的功夫了。

《老子》說：「知人者智（知），自知者明。」看來要練好太極拳的走架和推手，這「明、知」二字也是缺一不可的呀！

二、「後人發、先人至」

「以迂於直，後發先至」，這是太極推手的基本特點之一，也是太極拳的戰略思想之一。

《孫子·軍爭篇》說：「凡用兵之法……莫難於軍爭。軍爭之難者，以迂為直，以患為利。故迂其途，而誘之以利，後人發，人先至，此知迂直之計者也。」軍爭，指兩軍通過戰略行軍，爭取先機制敵之利。迂直，原本是指行軍路線的迂遠和近直。

所謂「以迂為直」，就是說如何通過迂遠的途徑，去達到近直的目的。而太極推手則是借指出手、動步和進身的線路，彷彿一舉一動都在畫太極圖似的，其外形動作都是略呈弧線的；又好像把一連串大小不同、形狀有別的圈圈兒給連接起來。這樣在走架或推手時，就會使人產生「如行雲流水，連綿不斷」或「如長江大海，滔滔不絕」的感覺。要之，是不可有直進直出的動作。

由於人體關節適宜做一些圓轉、回環、螺旋、纏繞等動作，當這些動作運用得法時，其實際速率往往能超過直線運動。特別是在近身的情況下，有時手臂過分伸展，反而會感到靈活性變差，顯得礙手礙腳了。

那麼什麼叫「後人發，先人至」呢？

太極拳訣說：「彼不動，己不動；彼微動，己先動。」這原是清代武禹襄（一八一二～一八八〇）在《〈太極拳論〉解》一文中的話。在太極推手中，由於要借人之力，所以必須順人之勢並誘之以利，即誘使對方先發。凡對方不發動進攻，我也不發動，但必須以意領先地隨人運動；一旦感知對方有發勁的徵兆，我在順勢地接定彼勁的條件下敏捷地後發先至，使其自行跌出。這也就是所謂「力從人借，機由己發」。

換句話說，便是「以彼之勁，擊彼之身」。所以，才能「先人而至」。當然，其最重要的關鍵就在於敏鈍決勝敗了。王宗岳在《太極拳論》中，要求太極拳手的感知能力和靈敏度達到「一羽不能加，蠅蟲不能落」的程度。這話雖含有誇張的意味，但卻足以說明太極推手的技巧和敏銳等要求的確是很高的；這與硬拼硬打是不太相同的。

《荀子·議兵》說：「……後人發，先人至，此用兵之要術也。」而太極推手中的「以迂爲直，後發先至」，不只是技術問題或戰術思想，而是具有重大的戰略意義的。

三、「出其不意，攻其不備」

《孫子·計篇》說：「兵者，詭道也。故能而示之不能，用而示之不用，近而示之遠，遠而示之近。利而誘之，亂而取之，實而備之，強而避之，怒而撓之，卑而驕之，佚而勞之，親而離之。攻其無備，出其不意。」這「攻其無備，出其不意」，正是這段話的要旨。

毛澤東同志說：「什麼是不意？就是無準備。優勢而無準備，不是眞正的優勢，也沒有主動。懂得這一點，劣勢而有準備之軍，常可對敵舉行不意的攻勢，把優勢者打敗。」註(7)

在太極拳推手過程中，也常常會遇到這類情況的，例如：在技藝水平上雖然略高於對方一籌，但如在競技中忽視了「在戰術上重視敵人」，以及缺乏各種必要的計劃和思想準備，那一旦遇到不意的攻勢，就會受敵所制，甚至遭到慘敗。再如，有的推手運動員原本具有很大的優勢，但僅僅爲了一時不適應對方的推法，或者只是不適應對方所僅有的某一個「得意技」，有時也會敗於多方面處於劣勢的新手。不過，這一位劣勢者的勝利，多多少少是帶有僥倖成分的。

如何才能做到「攻其無備，出其不意」呢？這就涉及到「用詭道而制勝」的問題。曹操說：「兵無常形，以詭詐爲道。」李筌說：「軍不厭詐。」張預則說：「用兵雖本於仁義，然其取勝必在詭詐。」《韓非子・難一》：「戰陣之間，不厭詐僞。」毛澤東同志也說：「錯覺和不意，可以喪失優勢和主動。因而有計劃地造成敵人的錯覺，給以不意的攻擊，是造成優勢和奪取主動的方法，而且是重要的方法。錯覺是什麼呢？『八公山上，草木皆兵』是錯覺之一例。『聲東擊西』，是造成敵人錯覺之一法。……『兵不厭詐』，就是指的這件事情」註(8)。

或許有人會說：今天的太極推手競賽，是一項體育比賽，豈可「以詭詐爲道」？

其實這是誤解，是把武德與技、戰術混爲一談了。今天的拳術原本是一種搏擊藝術，就像足球與棋類的模擬古代戰爭一樣。因此，在太極推手競賽中所應用的「誘手」，實是推手技藝的重要組成部分，而且正是爲了保證實現「攻其無備，出其不意」的戰略、戰術思想。在包括太極拳在內的任何拳術競技中，應用諸如「聲東擊西」、「上驚下取」等等技、戰術，都是極爲普遍的。

例如，明末清初陳王廷《拳經總歌》說：「鈎掤逼攬人人曉，閃驚取巧有誰知？佯輸詐走誰云敗，引誘回衝致勝歸。……聲東擊西要熟識，上籠下提君須記。」《拳經總歌》的結束句爲：「教師不識此中理，難將武藝論高低！」這說明太極推手如果拋棄了戰略、戰術和技擊意志義，那剩下的就只有雙人舞蹈或雙人遊戲了。

誘手的方法，其要旨便是「攻其無備，出其不意」。現舉一例以爲參考：我用左腕或前臂，粘住對方，並以左腕或左肘輕輕地向前、向上擎起；若對方感到受逼而出現後仰姿勢時，我迅即以右手（掌指朝下，掌心朝前）推按對方的小腹部，把對方發出。這就是上驚下取，或稱之爲「上引下取」。

引，引出其在上之虛；取，取其在下之實。當人體後仰時，凡其上虛柔有備，則其下多半是呆實無備的；其上越虛，則其下越實，這是必然之理，與生理、心理有關係。左右亦如是。這在拳法術語上就叫做「引虛擊實」，其方法與「聲東擊西」基本上是屬於同一類型的。

《孫子·虛實篇》說：「出其所不趨，趨其所不意。……攻而必取者，攻其所不守也。」由於習慣於上體後仰者，其小腹部的防守意識較差，所以應用上述方法往往能收「攻而必取」之良效。

類似的方法千變萬化，不可窮盡，但都表現在一開一合之中，故陳品三（一八四九～一九二九）說：「一開一合，拳術盡矣！」而《孫子·軍爭篇》早已談到：「故兵以詐立，以利動，以分合爲變者也。」分合，即開合也。當然，兵法所言爲兵力之分合，而拳法所言乃是形體與勁力之開合，然其基本原理卻是相通的。

四、「其疾如風，其徐如林」

《孫子·軍爭篇》在指出「故兵以詐立，以利動，以分合為變者也」之後，緊接著說：「故其疾如風，其徐如林，侵掠如火，不動如山，難知如陰，動如雷震。」

而三國·諸葛亮《便宜十六策·治軍第九》說：「故軍以奇計為謀，以絕智為主。能柔能剛，能弱能強，能存能亡。疾如風雨，舒如江海，不動如泰山，難測如陰陽，無窮如地，充實如天，不竭如江河，終始如三光，生死如四時，衰旺如五行，奇正相生，而不可窮。」註⑼這不僅與前者在辯證法思想原則上是一致的，而且還有著明顯的繼承和發展的關係。

上引《孫子·軍爭篇》中談到「其疾如風，其徐如林」，這「疾」、「徐」是一對矛盾，疾與徐是相反相成的，是在運動中不斷地轉化的。無「疾」，就無所謂「徐」；無「徐」也就無所謂「疾」。太極推手也是如此，既需要「徐」，又需要「疾」。在方法上便是「太極拳論」所說的「動急則急應，動緩則緩隨」。急、疾在上處是同義詞，緩、徐也是同義詞。

可是，有的人卻認爲太極拳只要慢不要快，這顯然是對太極拳走架的「慢中求功」的一種誤解。平日走架之所以要慢不要快，這在前文所引李亦畬《走架打手行工要言》一文中已經談到了，這裡不再贅述。

而太極推手必須遵循「沾、粘、連、隨」這四個要點。如在推手運動中不能捨己從人、隨人而動，以對方的緩急爲緩急，那又如何能連、能隨？又如何能沾、粘？如此，則非犯「頂、抗、匾、丟」等雙重之病不可。這說明「慢中求功」的方法與競技應變的要求，這兩者是不可混爲一談的。

太極推手，與任何拳法競技一樣，在疾、徐上必須合乎隨機應變的要求，以求達到克敵制勝的目的；而絕不是只要個「慢」字就可以打勝仗的。

陳品三《擖手十六目》註⑽曾對「得、打、疾、斷」，即其中的第十三～十六目做過如下解釋：

得：是我得機、得勢；打：是機勢可打，乘機打之；疾：是速之又速。稍涉延遲，即不能打。機貴神速；斷：是決斷。一涉游疑，便失機會，過此不能打矣！從上述「疾、斷」二字中不難看出：只要能得機、得勢，便須當機立斷，抓住火候速之又速地打。這「速之又速」，與《孫子》「其疾如風」的說法是一個意思。一言以蔽之，推手發勁就是要「其疾如風」的。如果慢吞吞地發勁，那即使不失時機，也無暴發力可言，這就只能是玩玩的了。

此外，有人認爲太極拳術語中的「捨己從人」一語屬「泛道德」的說法。其實，這句話原本出於王宗岳《太極拳論》「本是捨己從人，多誤捨近就遠」。作爲術語，它僅僅是借用了成語的文字，而賦予了新義。這句術語在太極拳推手中的性質，純屬方法性的，而不是道德性的。所以，單就此一語而言。是談不上什麼泛道德的。

五、「修道而保法，故能為勝敗之政」

《孫子》十分強調修明政治，確保法制。如《孫子·形篇》說：「善用兵者，修道而保法，故能爲勝敗之政。」再如《孫子·計篇》所提出的決定戰爭勝負基本因素的「五事」、「七計」——其五事是「一曰道，二曰天，三曰地，四曰將，五曰法。」其「七計」則是從五事中引申出來的，即「主孰有道？將孰有能？天地孰得？法令孰行？兵衆孰強？士卒孰練？賞罰孰明？」這裡談到了「法」、「法令」、「賞罰」都是屬法的範圍。

孟軻說：「不以規矩，不能成方圓。」所以，國有國法，兵有兵法，拳有拳法，競賽有競賽法。大法即「大規矩」，小法即「小規矩」。

若就太極推手競技而言，則當今國家體委審定的《太極推手暫行競賽規則》便是推手競技的大法，是參加推手競賽的運動員們所必須共同遵守的；同時，推手裁判員憑此執法，而推手教練員也必須以此規則作爲平素訓練運動員的依據。

時到如今，全國性的推手競賽活動已舉辦多年了。據觀衆反映，太極推手競賽活動雖然有很大的進展，但推手運動員的表現和裁判員的執法情況，都還不能盡如人意。例如：《太極推手暫行競賽規則》中雖然明確規定：「在比賽中必須貫徹『沾連粘隨』、『以柔克剛』和『恃巧不恃力』的原則」，並規定凡「使用任何形式的硬拉、硬扡、摟抱者」，「脫手撞擊發力者」，「使用任何形式的……擒拿……等動作」，都屬侵人犯規。

但實際上有的推手教練員和運動員，在平日教學與訓練時，壓根兒就不曾嚴格地遵守這些規矩，一旦參加比賽，自然犯規頻繁。

老一輩的太極拳家授拳時，大都是十分強調遵守規矩的；同時，又能辯證地對待規矩中的原則性與靈活性的東西，即所謂「遵規矩而不泥規矩，脫規矩而自中規矩」。又曰：「巧不離乎規矩，實不泥乎規矩。」這是因爲事物存在一般規律與特殊規律，所以要能知常知變，正確地、妥善地處理原則性和靈活性的問題。可是，有些推手運動員只想到了「脫規矩」和「不泥規矩」，卻忘掉了「遵規矩」和「自中規矩」（即自然地合乎規矩的意思），很容易使推手運動變性。

說到「保法」，那執法人員自然是頭等重要的。愚以爲推手裁判員最好是專職的，而不是由一般的武術裁判員兼任。因爲太極推手在武術對抗性競賽項目中，有其獨特之處。如果某一位武術裁判員根本不會推手，要做到準確地執法，不發生漏判、誤判，無疑是難上加難的。

此外，對規則的條文，也要不斷地作必要的修正，尤其是對於如何確保「貫徹沾連粘隨、以柔克剛和恃巧不恃力的原則」問題，必須廣開言路，深入研討，拿出更具體的、更有力的措施來，並確實做到「三員」（推手運動員、教練員、裁判員）一體遵行。那時的太極推手競賽就必定是更精彩、更好看的；反之，如丟了「沾連粘隨」四個字，那太極推手就名存實亡了，或者說是「變味」啦！

《孫子》十三篇的內容是豐富多彩的，它在宋代就被列爲《武經七書》註⑾之首，並被後人尊奉爲「兵經」。它在公元七世紀傳入日本以後，又被日本學者稱譽爲「東方兵學之鼻祖」、「兵學聖典」和「世界古代第一兵書」。現在世界上許多國家都有《孫子》的譯本，因此，更受到國際上有關人士的普遍重視。

然而《孫子》畢竟是兩千多年前的作品，它不可能不受到當時的社會歷史條件的侷限。但我們如能按照「古爲今用」的原則，批判地吸取其精華，借鑒其某些有關的理論，借以指導當前的武術散手和太極推手的實踐，無疑會有一定的作用。因此，這是値得我們作進一步深入的探索與硏究的。

〔註〕：

(1)《孫子》。本文中所引的《孫子》原文，均據郭化若《孫子今譯》一書，上海人民出版社一九七七年六月第一版。同時參閱上海商務印書館「四部叢刊」縮印明嘉靖刊本《孫子集註》。後文中不另一一說明。

(2)《論持久戰》，《毛澤東選集》横排本第四五八頁。

(3)《中國革命戰爭的戰略問題》，《毛澤東選集》横排本第一六六頁。

(4)王宗岳《太極拳論》引自楊澄甫著《太極拳體用全書》第四四頁。人民體育出版社一九五七年五月第一版，係據一九三四年二月上海大東書局版翻印。但該書原有的篇題中，誤將乾隆年間人王宗岳當作「明人」，題曰「明王宗岳太極拳論」。

(5)李亦畬《走架打手行工要言》，見《武式太極拳》第八五～八六頁，人民體育出版社一九六三年六月第一版。

(6)《孫式太極拳》第六〇頁，人民體育出版社一九五七年九月第一版。

(7)、(8)《論持久戰》、《毛澤東選集》横排本第四五九頁。

(9)《諸葛亮集》，中華書局一九六〇年八月第一版第六八頁。

(10)陳品三《擖手十六目》，見陳子明《陳氏世傳太極拳術》一書所輯，一九三二年上海版。擖音ㄎㄚ；擖手即推手。

⑾《武經七書》，簡稱《武經》，包括《孫子》、《吳子》、《司馬法》、《尉繚子》、《李衛公問對》、《三略》、《六韜》等七部古代著名兵書。

第七章

太極拳推手歌訣選（七首）

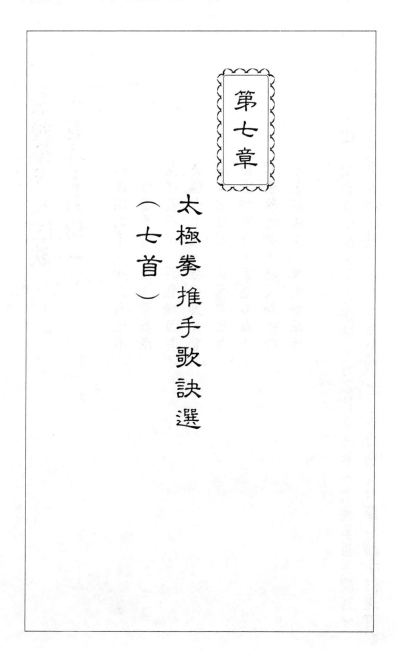

太極推手八法訣

（五言十六句）

八法須認眞，四正為根本。
一臂莫單行，上下緊相跟。
掤撐圓而沉，捋抱順且韌。
擠排化在先，按推勁要整。
採拿宜拔根，挒驚務相稱。
肘屈勿輕使，靠崩必貼身。
稱羡雖經年，功夫終難深。
不若朝暮練，日久知屈伸。

註：此首拳訣原名《八法訣》曾載於沈壽著《太極拳推手問答》一書（人民體育出版社一九八六年初版），並分別在有關各題中對這首歌

訣作了淺解。本訣對講解八法要點有提示作用，故特選收。

太極推手化引拿發訣（七言四句）

化人渾身節節鬆，引宜柔順手莫重；
拿準焦點憑意氣，發賴腰腿主力攻。

註：清代李亦畬（一八三二～一八九二）著有《撒放密訣》：「擎起彼勁借彼力，引到身前勁始蓄；鬆開我勁勿使屈，放時腰腳認端的。」「而本篇實際上也屬「撒放密訣」一類，故可供學者參同研究。

常山蛇陣訣（七言十六句）

常山蛇陣須知曉，襲我頭面用尾掃；
擊我尾部回頭咬，攻我身軀首尾保。
上驚下取後發至，聲東擊西招法妙。
上籠下提須記牢，乍隱乍現人難料。
瞻前顧後戒備嚴，欲上寓下意先到。
忽南忽北擾人心，不偏一隅藝始高。
吞吐莫忘粘和繞，拳不近身是空招。
相搏不諳此中理，十戰九負還算好！

註：這首七言十六句拳訣，是筆者早年結合拳術散手競技實踐而撰寫的，本篇題目及其主題思想，均源於《孫子兵法·九地篇》：「故善

用兵者，譬如率然；率然者，常山之蛇也。擊其首則尾至，擊其尾則首至，擊其中則首尾俱至。」拳諺說：「拳、兵同源」；又說：「拳法如兵法」。所以，前輩拳家就曾撰寫過一些與此相類的歌訣，如太極拳家陳品三（一八四九～一九二九）曾有詩曰：「擊首尾動精神貫，擊尾首動脈絡通。當中一擊首尾動，上下四旁扣如弓。」這首詩與本篇第一～四句的內容是相合的。

總之，率兵作戰尚且要做到「相救也如左右手」、「齊勇若一」、「剛柔皆得」「攜手若使一人」（均見《孫子兵法·九地篇》）；在拳戰中更要切實做到自身的「兩膊相繫」、「上下相隨」、「內外結合」、「長短相救」、「首尾互保」、「前後呼應」。這是武術對抗性競技的基本要求。拳諺說：「拳理不明，枉費精神。」由此可見，有些看來很淺近的拳理，卻往往是十分重要的。

當一個人自身的四體百骸能協調一致，做到「神為主帥，身為卒兵」，且使所率之「卒兵」能「齊勇若一」之時，才談得上對技、戰術的具體運用。在我國古代，也有許多論述在拳法競技過程中如何應用戰術的歌訣，如明末清初陳王廷的《拳經總歌》中，就有不少句子是強調認眞運用戰術去克敵制勝的。其中有「閃驚取巧有誰知，佯輸詐走誰云敗」和「聲東擊西要熟識，上籠下提君須記」幾句。

這些雖然都是些推手和散手戰術的「老生常談」，但對初次參加武術對抗性項目競賽的選手來說，切不可掉以輕心；尤其在訓練中要培養出善於隨機運用各種戰術的良好的習慣和智謀，而不是「臨陣才翻兵書」。否則徒有「初生之犢不怕虎」的勇氣，而不懂戰術的運用之妙，終究是會以吃敗仗而告終的。

一般地說，這首拳訣對武術散手競技（包括太極推手、散手在內）是普遍適用的。

對手要訣（七言四句）

腰是門軸身是門，忽開忽合人難侵。
要識此中機關妙，不犯雙重是正經。

註：對手，泛指太極推手、散手等。

制勝心訣

（七言四句）

戒備在心人難欺，休凌老弱莫怕天。
能柔能剛善攻守，知機識勢勝可見。

註：拳諺說：「心力不堅，則無勁健。」明代戚繼光也說過：「臨陣若無膽向前，空自眼明手便。」這些話足以說明，中華武藝對於心理意志訓練歷來是非常重視的。這首「心訣」，也屬此範圍。早年寫作數首心訣，而現存只此一首，故原意未盡。

本訣第一句是對《吳子兵法》「先戒爲寶」句聯繫拳術實踐的一種體會。第二句「休凌老弱」是拳家的武德，人人都應遵守；「莫怕天」是指對敵實戰或拳術散手競技時，首先要有「天不怕、地不怕」的心理狀態和頑強意志，否則即使技藝水平不差，也難以發揮其應有的作用。

在當前太極推手競賽中，這種情況也是較常見的。這主要是因爲平日對心理意志訓練重視不夠所致。總之，在心理上缺乏戒備的人，在競技時是容易吃敗仗的；雖然有戒備和本領，但缺少膽氣，在臨陣時也是難於發揮技術、戰術水平。

本訣第三、四句則是強調懂勁和明拳理。

全篇是說，若要制勝，必須具備高度的警惕性和膽略，同時要重武德、能懂勁和明拳理，這些要素是缺一不可的。

太極拳粘走訣（七言四句）

太極拳法原無方，
不犯雙重柔寓剛。
彼來我走虛若谷，
人背我粘實而放。

太極拳九十六法訣（四言二十四句）

1. 掤捋擠按，採挒肘靠。
2. 托架藏撈，分化沾粘。
3. 抹勾拂撥，開合提擔。
4. 摟抱沉壓，纏繞挑剪。
5. 拴推探撲，撩穿插點。
6. 旋轉格勒，墜落挽扳。
7. 遮蓋搨截，籠擰回環。
8. 封閉雲猿，看護搬攔。
9. 撅頂拔拍，扼鎖刮扇。
10. 沖貫撇栽，絞崩劈砍。
11. 搭接引誘，啄觸剁攢。

12.扔拋攬拐，抖搖挫掮。

註：此首原載沈壽《太極拳入門》（書稿）內，係仿《內家九十六法訣》結合太極拳法來撰寫的。

第八章

内家拳法訣（五篇）

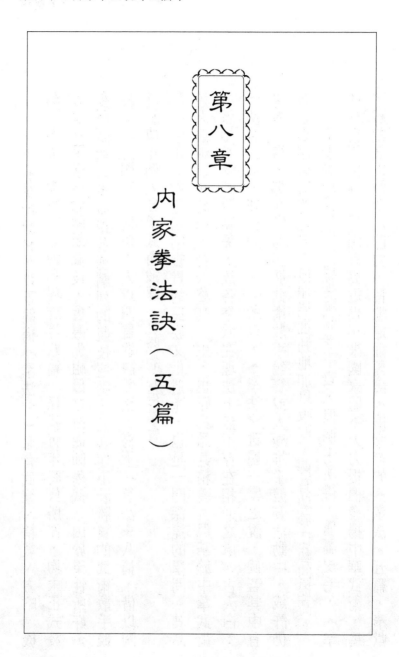

《內家拳法訣》（以下簡稱《拳法》）原有武德、精氣、方略、機勢、剛柔、虛實、變通和周旋等八篇，係我青年時代所作，均未正式發表過，筆者自幼酷愛武技，曾遵先祖母之命從師學武。由於秉性所好，少年時進一步涉獵各種劇烈的競技運動，尤喜作不計勝負的武術散手競技。年方弱冠，便仿古人以四言歌訣體裁，寫下《拳法》八篇，借以闡發師傳和個人參予武術鍛鍊、實踐的心得體會。

中華武術是祖國寶貴的民族文化遺產，也是一門深邃的學問。其品類之浩渺猶如滄海，吾人終其一生，也難盡悉其精義。但基於中華武術一脈相承的淵源關係，故各拳派在理法上無不存在相通之處。古人曰：「法有萬端，理存於一。」所以，《拳法》雖屬一家之說，倘若其中有愚者一得，那在當前開展武術散手競賽或太極推手競賽活動中，或許仍有其點滴可取的地方；但願能批判地加以吸取，俾有助於技藝的提高。

筆者愛好武術之情趣雖到老不衰，但個中所得，僅屬皮毛，《拳法》自不例外。只因感於近幾年來國家體委大力提倡發揚中華武術，爲了貢獻個人微薄之餘力，特地遍翻舊篋，得幸存的《拳法》五篇，奉獻同好，僅供參考。其中淺陋與謬訛之處，懇望讀者指正。至於已亡佚的《武德》、《虛實》和《周旋》等三篇，只好容後補撰了。此處姑按現存五篇重編篇號，其文字則一仍其舊，以保持習作的歷史原貌。《拳法》一名《內家四字經訣》，其各篇均爲四言六十四句，現將每四句分爲一段，依次編列序號；但這不是以篇內實際文義來劃分的段落，僅供檢閱之便利罷了。

精氣篇

1. 拳家三寶，精氣與神。存亡之機，生命之本。
2. 三寶與人：精乃生人，氣乃養命，神乃爲人。
3. 精氣爲母，又爲神宅。精虛氣虧，精耗神失。
4. 人之所動，氣之所至。精脫雖亡，氣消亦死。
5. 神與人身，位居司命。神爲主帥，身爲卒兵。
6. 神充身強，神衰體病。神存則生，神去則瞑。
7. 拳家調攝，兼修內外。內之所養，精氣神哉。

8. 呼吸精氣，獨立守神。蓄精養氣，神氣自振。
9. 神舒心靜，衛生之道。積精全神，形體難老。
10. 外之所練，筋骨皮毛。舒筋活絡，無微不到。
11. 内有所養，外自然強。内失所恃，徒具外壯。
12. 拳別上下：用意爲上，運氣次之，拼力最戇。
13. 用意在身，取法乎上。意來氣至，氣至勁放。
14. 意莫在氣，在氣必遏。亦不在力，在力則澀。
15. 身動氣趨，氣趨血行。血行精壯，精壯神盈。
16. 氣血暢活，延年卻病。捨此遠求，難獲精靈。

方略篇

1. 拳雖小技，說理精微，專心一志，始得三昧。
2. 循序漸進，百折不回，拳打一生，方爲可貴。
3. 功不在數，貴於勤苦；拳不在多，貴於精熟。
4. 臨陣方略，柔靜爲主。知己知彼，趨避有度。

5. 柔能克剛，勁小不輸；靜以御動，弱不受侮。
6. 搏敵如虎，全神以赴；視虎似犢，不怯不怖。
7. 遇弱不懈，逢強莫驚。身靈步穩，勢背心定。
8. 人順我背，柔化得寧；我順人背，剛發隨行。
9. 柔不離剛，動不離靜。柔不可軟，剛不可硬。
10. 出手成勢，著隨意興。避逆從順，多算必贏。
11. 勢猛休懼，掣肘避鋒；借力還人，其勢更猛。
12. 斜撤誘敵，有機即乘。蓄我後勁。不與力爭。
13. 人去我隨，人駐我擾。相與周旋，以逸待勞。
14. 進取時刻，勿遲莫早。人疲我強，順勁橫掃。
15. 急著前去，補手相承；隱著埋伏，出奇制勝。
16. 繼而決戰，勢如山崩。出手見紅，無敵不勝。

機勢篇

1. 拳法制勝，全憑機勢。應敵要訣。知機識勢。

2. 機勢不得，如推泰岱；機勢並得，輕似漂海。
3. 勢在得橫，機乃得實。虛極實生，必有初實。
4. 初實可摧，嫩芽易碎；中實可隨，伺擊惰歸。
5. 極實可破，盈滿必虧。遲疑失機，空留後悔。
6. 有機無勢，終難揚威。任人奪勢，不敗亦危。
7. 以靜待機，靜若處子。以動襲隙，動如靈獅。
8. 能得機勢，又輔以勇。借勇助勢，其勢更洶。
9. 拳兵之勢，不過奇正。始以正合，終以奇勝。
10. 奇正之變，不可勝窮。直出側入，步趨身擁。
11. 側翼搶攻，一臂雙功。敵後山手，手比山重。
12. 激水漂石，其勢險也。非吾勁大，勢之助也。
13. 猛禽毀折，其節短也。非吾力多，勁之聚也。
14. 拳貴神速，勁發宜促。節長勢弱，勁斷形露。
15. 勢如擴弩，節如發機。發似迅雷，掩耳不及。
16. 機勢節勇，呵成一氣。拳打不知，是爲眞技。

剛柔篇

1. 凡百拳術，皆貴乎柔。初學打拳，手軟忽愁。
2. 寧軟莫硬，輕鬆入手。破僵去滯，靈利身手。
3. 引活勁路，化鬆爲柔。致柔既久，意到氣透。
4. 氣能遍體，勁隨氣走。勁過三關，內剛外柔。
5. 剛哉非硬，不離其柔；運柔成剛，剛生於柔。
6. 一味求剛，頂頂抗抗；悉心求柔，始得堅剛。
7. 一意發勁，浮浮漂漂。勁路不暢，力大勁小。
8. 發人不遠，自跌路遙。弄巧成拙，引人失笑。
9. 僵硬乏柔，難化難走；不能柔化，怎成好手？
10. 柔也非軟，不癟不丟。柔以克剛，剛以制柔。
11. 柔中寓剛，若棉裹鐵；剛外有柔，如膠似漆。
12. 剛柔轉換，全在用意；克敵制勝，功在用粘。
13. 既習內功，豈可無意？不諳柔化。何來用粘？

14. 功蘊於內，切莫外顯。剛柔內涵，功效立見。
15. 小成三年，大成十年。不得要領，功成終淺！
16. 剛柔相濟，人人稱羨。走過天下，信乎吾言！

變通篇

1. 拳法陰陽，一弛一張，循環往復，合道之常。
2. 因敵用術，最要變通，不可執一，尤忌雙重。
3. 兵無常勢，水無常形。臨陣拳鬥，宛如水行。
4. 因勢利導，取勝若神；壅塞不化，取敗之根。
5. 自古手搏，原無定法。法即是變，通即是法。
6. 達極必窮，窮則變法；變則自通，通則能達。
7. 古之智將，深明陰陽，嚴正靈活，能弱能強。
8. 孤陰不生，獨陽不長；純柔必削，純剛必亡。
9. 陰中寓陽，柔中寓剛。蓄而後發，弛而後張。
10. 靜中求動，能守善攻；動中處靜，寡可敵衆。

11.虛實實虛，忽陰忽陽；有緩有急，不柔不剛。

12.可去可就，且降且升；即退即進，能敗能勝。

13.細辨虛實，善識向背。奇正相生，攻其無備。

14.料敵在心，察機在目。隨機應變，皆貴神速。

15.著隨勁變，敵變吾變；著變手變，神活意先。

16.神龍隱現，瞬息萬變，克敵制勝，全在一變。

後記

《太極拳論譚》一書，共選收本世紀八、九十年代（一九八〇～一九九五年）發表在各種體育刊物上的有關拙文，連同未公開發表過的部分文章，共計五十篇，編為八章。由於全書以有關太極拳的論文和隨筆漫談等文章為主要內容，所以，命名為「太極拳論譚」。

上述有關刊物是：北京、上海、武漢、廣州等體育學院學報，武漢體院《武術專輯》、《體育文史》、《體育之春》、《競技與健美》、《中華武術》、《武林》、《中州武術》、《少林武術》、《少林與太極》、《武魂》、《武術健身》、《中國太極拳》和《氣功》等雜誌。由於刊物名目繁多，加上刊登的時間跨度長達十餘年，因此，一旦要想收集這些拙文，是頗費周折的。如今能編集成書而使其不致散失，借以為二十一世紀的太極拳教學和研究工作者，以及廣大的太極拳愛好者，提供一部可資研究探索，並有指導實踐意義的理論性著作，這首先要感謝出版社和責任編輯們的熱情支持。

本書論述的內容包羅萬象，而在寫作上力求深入淺出。

1.有古有今，古為今用：書中對歷史上評價較高的幾篇太極拳古典拳論作了淺釋和研究，又有「太極推手與《孫子兵法》」、「中國古劍淺說」和「中華武術散手、推手溯源與釋名」等篇，同大家一起研討；同時，也抒述了武德拳風、武術改革、推手競賽等當代的熱門話題。

2.有體有用，體用結合：體，指走架行功；用，指推手運動。這方面的闡述，包括太極拳的要領、用意方法，以及有關推手運動的勁力、技法、戰術、戰略、意志心理訓練等等問題。

3.有拳有劍，拳械兼備：不僅談拳，並且論劍，如「太極劍訣要」、「太極劍練習談」等篇便是。

4.有動有靜，動靜相濟：太極拳、劍、推手都屬「動功」，氣功站樁則屬「靜功」。前輩太極拳家歷來重視養氣，主張「動靜兼修、內外並練」。本書第三章專談「太極拳與氣功」。

5.有文有訣，體裁多樣：古往今來，太極拳歌訣往往為初學太極拳的人所格外喜愛的。本書選收了筆者早年所撰寫的拳訣十八首。由於拳訣短小精悍，言簡意賅，易誦易記，在提高與普及太極拳方面，它比之論文、隨筆等文章體裁，自有其別具一格和不可取代的優點。

綜上所述，本書就很有點「雜家」的味道了。但或許正因為如此，它既可供學術研究，有一定的文獻價值，也可作娛樂消遣來閱讀它，這就算是雅俗共賞了。

這部書的編集、整理、充實、修訂等工作，始自一九八六年，至今已歷時十年之久。十年編一書，說明寫作固不易，而編集也甚煩難。若因此能在太極拳走向世界的旅程中留下一個足印，發揚國家瑰寶——太極拳的應有作用，提高全民健康水平，增進世界人民友誼，為造福人類提供一塊鋪路石，則吾願已足！

因限於學力，書中粗疏與謬誤之處，尚希海內外讀者批評指正。

沈　壽

大展出版社有限公司
品冠文化出版社

圖書目錄

地址：台北市北投區(石牌)
致遠一路二段 12 巷 1 號
電話：(02)28236031
28236033
郵撥：0166955～1
傳真：(02)28272069

法律專欄連載・大展編號 58

台大法學院 法律學系／策劃
法律服務社／編著

1. 別讓您的權利睡著了(1) 200 元
2. 別讓您的權利睡著了(2) 200 元

・生活廣場・品冠編號 61・

1.	366 天誕生星	李芳黛譯	280 元
2.	366 天誕生花與誕生石	李芳黛譯	280 元
3.	科學命相	淺野八郎著	220 元
4.	已知的他界科學	陳蒼杰譯	220 元
5.	開拓未來的他界科學	陳蒼杰譯	220 元
6.	世紀末變態心理犯罪檔案	沈永嘉譯	240 元
7.	366 天開運年鑑	林廷宇編著	230 元
8.	色彩學與你	野村順一著	230 元
9.	科學手相	淺野八郎著	230 元
10.	你也能成為戀愛高手	柯富陽編著	220 元
11.	血型與十二星座	許淑瑛編著	230 元
12.	動物測驗—人性現形	淺野八郎著	200 元
13.	愛情、幸福完全自測	淺野八郎著	200 元
14.	輕鬆攻佔女性	趙奕世編著	230 元
15.	解讀命運密碼	郭宗德著	200 元
16.	由客家了解亞洲	高木桂藏著	220 元

・女醫師系列・品冠編號 62

1.	子宮內膜症	國府田清子著	200 元
2.	子宮肌瘤	黑島淳子著	200 元
3.	上班女性的壓力症候群	池下育子著	200 元
4.	漏尿、尿失禁	中田真木著	200 元
5.	高齡生產	大鷹美子著	200 元
6.	子宮癌	上坊敏子著	200 元

7. 避孕 早乙女智子著 200元
8. 不孕症 中村春根著 200元
9. 生理痛與生理不順 堀口雅子著 200元
10. 更年期 野末悅子著 200元

·傳統民俗療法· 品冠編號 63

1. 神奇刀療法 潘文雄著 200元
2. 神奇拍打療法 安在峰著 200元
3. 神奇拔罐療法 安在峰著 200元
4. 神奇艾灸療法 安在峰著 200元
5. 神奇貼敷療法 安在峰著 200元
6. 神奇薰洗療法 安在峰著 200元
7. 神奇耳穴療法 安在峰著 200元
8. 神奇指針療法 安在峰著 200元
9. 神奇藥酒療法 安在峰著 200元
10. 神奇藥茶療法 安在峰著 200元

·彩色圖解保健· 品冠編號 64

1. 瘦身 主婦之友社 300元
2. 腰痛 主婦之友社 300元
3. 肩膀痠痛 主婦之友社 300元
4. 腰、膝、腳的疼痛 主婦之友社 300元
5. 壓力、精神疲勞 主婦之友社 300元
6. 眼睛疲勞、視力減退 主婦之友社 300元

·心 想 事 成· 品冠編號 65

1. 魔法愛情點心 結城莫拉著 120元
2. 可愛手工飾品 結城莫拉著 120元
3. 可愛打扮 & 髮型 結城莫拉著 120元
4. 撲克牌算命 結城莫拉著 120元

·少年偵探· 品冠編號 66

1. 怪盜二十面相 江戶川亂步著 特價189元
2. 少年偵探團 江戶川亂步著 特價189元
3. 妖怪博士 江戶川亂步著 特價189元
4. 大金塊 江戶川亂步著 特價230元
5. 青銅魔人 江戶川亂步著 特價230元
6. 地底偵探王 江戶川亂步著
7. 透明怪人 江戶川亂步著

8. 怪人四十面相　江戶川亂步著
9. 宇宙怪人　江戶川亂步著
10. 恐怖的鐵塔王國　江戶川亂步著
11. 灰色巨人　江戶川亂步著
12. 海底魔術師　江戶川亂步著
13. 黃金豹　江戶川亂步著
14. 魔法博士　江戶川亂步著
15. 馬戲怪人　江戶川亂步著
16. 魔人剛果　江戶川亂步著
17. 魔法人偶　江戶川亂步著
18. 奇面城的秘密　江戶川亂步著
19. 夜光人　江戶川亂步著
20. 塔上的魔術師　江戶川亂步著
21. 鐵人Ｑ　江戶川亂步著
22. 假面恐怖王　江戶川亂步著
23. 電人Ｍ　江戶川亂步著
24. 二十面相的詛咒　江戶川亂步著
25. 飛天二十面相　江戶川亂步著
26. 黃金怪獸　江戶川亂步著

·武術特輯·大展編號 10

1. 陳式太極拳入門　馮志強編著　180 元
2. 武式太極拳　郝少如編著　200 元
3. 練功十八法入門　蕭京凌編著　120 元
4. 教門長拳　蕭京凌編著　150 元
5. 跆拳道　蕭京凌編譯　180 元
6. 正傳合氣道　程曉鈴譯　200 元
7. 圖解雙節棍　陳銘遠著　150 元
8. 格鬥空手道　鄭旭旭編著　200 元
9. 實用跆拳道　陳國榮編著　200 元
10. 武術初學指南　李文英、解守德編著　250 元
11. 泰國拳　陳國榮著　180 元
12. 中國式摔跤　黃　斌編著　180 元
13. 太極劍入門　李德印編著　180 元
14. 太極拳運動　運動司編　250 元
15. 太極拳譜　清·王宗岳等著　280 元
16. 散手初學　冷　峰編著　200 元
17. 南拳　朱瑞琪編著　180 元
18. 吳式太極劍　王培生著　200 元
19. 太極拳健身與技擊　王培生著　250 元
20. 秘傳武當八卦掌　狄兆龍著　250 元
21. 太極拳論譚　沈　壽著　250 元
22. 陳式太極拳技擊法　馬　虹著　250 元

23.	二十四式/三十二式 太極拳/劍	闞桂香著	180 元
24.	楊式秘傳 129 式太極長拳	張楚全著	280 元
25.	楊式太極拳架詳解	林炳堯著	280 元
26.	華佗五禽劍	劉時榮著	180 元
27.	太極拳基礎講座：基本功與簡化 24 式	李德印著	250 元
28.	武式太極拳精華	薛乃印著	200 元
29.	陳式太極拳拳理闡微	馬　虹著	350 元
30.	陳式太極拳體用全書	馬　虹著	400 元
31.	張三豐太極拳	陳占奎著	200 元
32.	中國太極推手	張　山主編	300 元
33.	48 式太極拳入門	門惠豐編著	220 元
34.	太極拳奇人奇功	嚴翰秀編著	250 元
35.	心意門秘籍	李新民編著	220 元
36.	三才門乾坤戊己功	王培生編著	220 元
37.	武式太極劍精華 +VCD	薛乃印編著	350 元
38.	楊式太極拳	傅鐘文演述	200 元
39.	陳式太極拳、劍 36 式	闞桂香編著	250 元
40.	正宗武式太極拳	薛乃印著	220 元

・原地太極拳系列・大展編號 11

1.	原地綜合太極拳 24 式	胡啟賢創編	220 元
2.	原地活步太極拳 42 式	胡啟賢創編	200 元
3.	原地簡化太極拳 24 式	胡啟賢創編	200 元
4.	原地太極拳 12 式	胡啟賢創編	200 元

・名師出高徒・大展編號 111

1.	武術基本功與基本動作	劉玉萍編著	200 元
2.	長拳入門與精進	吳彬　等著	220 元
3.	劍術刀術入門與精進	楊柏龍等著	220 元
4.	棍術、槍術入門與精進	邱丕相編著	220 元
5.	南拳入門與精進	朱瑞琪編著	元
6.	散手入門與精進	張　山等著	元
7.	太極拳入門與精進	李德印編著	元
8.	太極推手入門與精進	田金龍編著	元

・實用武術技擊・大展編號 112

1.	實用自衛拳法	溫佐惠著
2.	搏擊術精選	陳清山等著

・道學文化・大展編號 12

1.	道在養生：道教長壽術	郝　勤等著	250 元
2.	龍虎丹道：道教內丹術	郝　勤著	300 元
3.	天上人間：道教神仙譜系	黃德海著	250 元
4.	步罡踏斗：道教祭禮儀典	張澤洪著	250 元
5.	道醫窺秘：道教醫學康復術	王慶餘等著	250 元
6.	勸善成仙：道教生命倫理	李　剛著	250 元
7.	洞天福地：道教宮觀勝境	沙銘壽著	250 元
8.	青詞碧簫：道教文學藝術	楊光文等著	250 元
9.	沈博絕麗：道教格言精粹	朱耕發等著	250 元

・易學智慧・大展編號 122

1.	易學與管理	余敦康主編	250 元
2.	易學與養生	劉長林等著	300 元
3.	易學與美學	劉綱紀等著	300 元
4.	易學與科技	董光壁　著	280 元
5.	易學與建築	韓增祿　著	280 元
6.	易學源流	鄭萬耕　著	元
7.	易學的思維	傅雲龍等著	元
8.	周易與易圖	李　申　著	元

・神算大師・大展編號 123

1.	劉伯溫神算兵法	應　涵編著	280 元
2.	姜太公神算兵法	應　涵編著	280 元
3.	鬼谷子神算兵法	應　涵編著	280 元
4.	諸葛亮神算兵法	應　涵編著	280 元

・秘傳占卜系列・大展編號 14

1.	手相術	淺野八郎著	180 元
2.	人相術	淺野八郎著	180 元
3.	西洋占星術	淺野八郎著	180 元
4.	中國神奇占卜	淺野八郎著	150 元
5.	夢判斷	淺野八郎著	150 元
6.	前世、來世占卜	淺野八郎著	150 元
7.	法國式血型學	淺野八郎著	150 元
8.	靈感、符咒學	淺野八郎著	150 元
9.	紙牌占卜術	淺野八郎著	150 元
10.	ESP 超能力占卜	淺野八郎著	150 元

11. 猶太數的秘術　淺野八郎著　150 元
12. 新心理測驗　淺野八郎著　160 元
13. 塔羅牌預言秘法　淺野八郎著　200 元

・趣味心理講座・大展編號 15

1. 性格測驗① 探索男與女　淺野八郎著　140 元
2. 性格測驗② 透視人心奧秘　淺野八郎著　140 元
3. 性格測驗③ 發現陌生的自己　淺野八郎著　140 元
4. 性格測驗④ 發現你的真面目　淺野八郎著　140 元
5. 性格測驗⑤ 讓你們吃驚　淺野八郎著　140 元
6. 性格測驗⑥ 洞穿心理盲點　淺野八郎著　140 元
7. 性格測驗⑦ 探索對方心理　淺野八郎著　140 元
8. 性格測驗⑧ 由吃認識自己　淺野八郎著　160 元
9. 性格測驗⑨ 戀愛知多少　淺野八郎著　160 元
10. 性格測驗⑩ 由裝扮瞭解人心　淺野八郎著　160 元
11. 性格測驗⑪ 敲開內心玄機　淺野八郎著　140 元
12. 性格測驗⑫ 透視你的未來　淺野八郎著　160 元
13. 血型與你的一生　淺野八郎著　160 元
14. 趣味推理遊戲　淺野八郎著　160 元
15. 行為語言解析　淺野八郎著　160 元

・婦 幼 天 地・大展編號 16

1. 八萬人減肥成果　黃靜香譯　180 元
2. 三分鐘減肥體操　楊鴻儒譯　150 元
3. 窈窕淑女美髮秘訣　柯素娥譯　130 元
4. 使妳更迷人　成　玉譯　130 元
5. 女性的更年期　官舒妍編譯　160 元
6. 胎內育兒法　李玉瓊編譯　150 元
7. 早產兒袋鼠式護理　唐岱蘭譯　200 元
8. 初次懷孕與生產　婦幼天地編譯組　180 元
9. 初次育兒 12 個月　婦幼天地編譯組　180 元
10. 斷乳食與幼兒食　婦幼天地編譯組　180 元
11. 培養幼兒能力與性向　婦幼天地編譯組　180 元
12. 培養幼兒創造力的玩具與遊戲　婦幼天地編譯組　180 元
13. 幼兒的症狀與疾病　婦幼天地編譯組　180 元
14. 腿部苗條健美法　婦幼天地編譯組　180 元
15. 女性腰痛別忽視　婦幼天地編譯組　150 元
16. 舒展身心體操術　李玉瓊編譯　130 元
17. 三分鐘臉部體操　趙薇妮著　160 元
18. 生動的笑容表情術　趙薇妮著　160 元
19. 心曠神怡減肥法　川津祐介著　130 元

20. 內衣使妳更美麗　陳玄茹譯　130 元
21. 瑜伽美姿美容　黃靜香編著　180 元
22. 高雅女性裝扮學　陳珮玲譯　180 元
23. 蠶糞肌膚美顏法　坂梨秀子著　160 元
24. 認識妳的身體　李玉瓊譯　160 元
25. 產後恢復苗條體態　居理安・芙萊喬著　200 元
26. 正確護髮美容法　山崎伊久江著　180 元
27. 安琪拉美姿養生學　安琪拉蘭斯博瑞著　180 元
28. 女體性醫學剖析　增田豐著　220 元
29. 懷孕與生產剖析　岡部綾子著　180 元
30. 斷奶後的健康育兒　東城百合子著　220 元
31. 引出孩子幹勁的責罵藝術　多湖輝著　170 元
32. 培養孩子獨立的藝術　多湖輝著　170 元
33. 子宮肌瘤與卵巢囊腫　陳秀琳編著　180 元
34. 下半身減肥法　納他夏・史達賓著　180 元
35. 女性自然美容法　吳雅菁編著　180 元
36. 再也不發胖　池園悅太郎著　170 元
37. 生男生女控制術　中垣勝裕著　220 元
38. 使妳的肌膚更亮麗　楊　皓編著　170 元
39. 臉部輪廓變美　芝崎義夫著　180 元
40. 斑點、皺紋自己治療　高須克彌著　180 元
41. 面皰自己治療　伊藤雄康著　180 元
42. 隨心所欲瘦身冥想法　原久子著　180 元
43. 胎兒革命　鈴木丈織著　180 元
44. NS 磁氣平衡法塑造窈窕奇蹟　古屋和江著　180 元
45. 享瘦從腳開始　山田陽子著　180 元
46. 小改變瘦 4 公斤　宮本裕子著　180 元
47. 軟管減肥瘦身　高橋輝男著　180 元
48. 海藻精神秘美容法　劉名揚編著　180 元
49. 肌膚保養與脫毛　鈴木真理著　180 元
50. 10 天減肥 3 公斤　彤雲編輯組　180 元
51. 穿出自己的品味　西村玲子著　280 元
52. 小孩髮型設計　李芳黛譯　250 元

・青 春 天 地・大展編號 17

1. A 血型與星座　柯素娥編譯　160 元
2. B 血型與星座　柯素娥編譯　160 元
3. O 血型與星座　柯素娥編譯　160 元
4. AB 血型與星座　柯素娥編譯　120 元
5. 青春期性教室　呂貴嵐編譯　130 元
7. 難解數學破題　宋釗宜編譯　130 元
9. 小論文寫作秘訣　林顯茂編譯　120 元
11. 中學生野外遊戲　熊谷康編著　120 元

12. 恐怖極短篇 柯素娥編譯 130元
13. 恐怖夜話 小毛驢編譯 130元
14. 恐怖幽默短篇 小毛驢編譯 120元
15. 黑色幽默短篇 小毛驢編譯 120元
16. 靈異怪談 小毛驢編譯 130元
17. 錯覺遊戲 小毛驢編著 130元
18. 整人遊戲 小毛驢編著 150元
19. 有趣的超常識 柯素娥編譯 130元
20. 哦！原來如此 林慶旺編譯 130元
21. 趣味競賽100種 劉名揚編譯 120元
22. 數學謎題入門 宋釗宜編譯 150元
23. 數學謎題解析 宋釗宜編譯 150元
24. 透視男女心理 林慶旺編譯 120元
25. 少女情懷的自白 李桂蘭編譯 120元
26. 由兄弟姊妹看命運 李玉瓊編譯 130元
27. 趣味的科學魔術 林慶旺編譯 150元
28. 趣味的心理實驗室 李燕玲編譯 150元
29. 愛與性心理測驗 小毛驢編譯 130元
30. 刑案推理解謎 小毛驢編譯 180元
31. 偵探常識推理 小毛驢編譯 180元
32. 偵探常識解謎 小毛驢編譯 130元
33. 偵探推理遊戲 小毛驢編譯 180元
34. 趣味的超魔術 廖玉山編著 150元
35. 趣味的珍奇發明 柯素娥編著 150元
36. 登山用具與技巧 陳瑞菊編著 150元
37. 性的漫談 蘇燕謀編著 180元
38. 無的漫談 蘇燕謀編著 180元
39. 黑色漫談 蘇燕謀編著 180元
40. 白色漫談 蘇燕謀編著 180元

・健康天地・大展編號18

1. 壓力的預防與治療 柯素娥編譯 130元
2. 超科學氣的魔力 柯素娥編譯 130元
3. 尿療法治病的神奇 中尾良一著 130元
4. 鐵證如山的尿療法奇蹟 廖玉山譯 120元
5. 一日斷食健康法 葉慈容編譯 150元
6. 胃部強健法 陳炳崑譯 120元
7. 癌症早期檢查法 廖松濤譯 160元
8. 老人痴呆症防止法 柯素娥編譯 170元
9. 松葉汁健康飲料 陳麗芬編譯 150元
10. 揉肚臍健康法 永井秋夫著 150元
11. 過勞死、猝死的預防 卓秀貞編譯 130元
12. 高血壓治療與飲食 藤山順豐著 180元

13. 老人看護指南	柯素娥編譯	150 元
14. 美容外科淺談	楊啟宏著	150 元
15. 美容外科新境界	楊啟宏著	150 元
16. 鹽是天然的醫生	西英司郎著	140 元
17. 年輕十歲不是夢	梁瑞麟譯	200 元
18. 茶料理治百病	桑野和民著	180 元
19. 綠茶治病寶典	桑野和民著	150 元
20. 杜仲茶養顏減肥法	西田博著	170 元
21. 蜂膠驚人療效	瀨長良三郎著	180 元
22. 蜂膠治百病	瀨長良三郎著	180 元
23. 醫藥與生活㈠	鄭炳全著	180 元
24. 鈣長生寶典	落合敏著	180 元
25. 大蒜長生寶典	木下繁太郎著	160 元
26. 居家自我健康檢查	石川恭三著	160 元
27. 永恆的健康人生	李秀鈴譯	200 元
28. 大豆卵磷脂長生寶典	劉雪卿譯	150 元
29. 芳香療法	梁艾琳譯	160 元
30. 醋長生寶典	柯素娥譯	180 元
31. 從星座透視健康	席拉・吉蒂斯著	180 元
32. 愉悅自在保健學	野本二士夫著	160 元
33. 裸睡健康法	丸山淳士等著	160 元
34. 糖尿病預防與治療	藤山順豐著	180 元
35. 維他命長生寶典	菅原明子著	180 元
36. 維他命 C 新效果	鐘文訓編	150 元
37. 手、腳病理按摩	堤芳朗著	160 元
38. AIDS 瞭解與預防	彼得塔歇爾著	180 元
39. 甲殼質殼聚糖健康法	沈永嘉譯	160 元
40. 神經痛預防與治療	木下真男著	160 元
41. 室內身體鍛鍊法	陳炳崑編著	160 元
42. 吃出健康藥膳	劉大器編著	180 元
43. 自我指壓術	蘇燕謀編著	160 元
44. 紅蘿蔔汁斷食療法	李玉瓊編著	150 元
45. 洗心術健康秘法	竺翠萍編譯	170 元
46. 枇杷葉健康療法	柯素娥編譯	180 元
47. 抗衰血癒	楊啟宏著	180 元
48. 與癌搏鬥記	逸見政孝著	180 元
49. 冬蟲夏草長生寶典	高橋義博著	170 元
50. 痔瘡・大腸疾病先端療法	宮島伸宜著	180 元
51. 膠布治癒頑固慢性病	加瀨建造著	180 元
52. 芝麻神奇健康法	小林貞作著	170 元
53. 香煙能防止癡呆？	高田明和著	180 元
54. 穀菜食治癌療法	佐藤成志著	180 元
55. 貼藥健康法	松原英多著	180 元
56. 克服癌症調和道呼吸法	帶津良一著	180 元

57. B 型肝炎預防與治療	野村喜重郎著	180 元
58. 青春永駐養生導引術	早島正雄著	180 元
59. 改變呼吸法創造健康	原久子著	180 元
60. 荷爾蒙平衡養生秘訣	出村博著	180 元
61. 水美肌健康法	井戶勝富著	170 元
62. 認識食物掌握健康	廖梅珠編著	170 元
63. 痛風劇痛消除法	鈴木吉彥著	180 元
64. 酸莖菌驚人療效	上田明彥著	180 元
65. 大豆卵磷脂治現代病	神津健一著	200 元
66. 時辰療法—危險時刻凌晨 4 時	呂建強等著	180 元
67. 自然治癒力提升法	帶津良一著	180 元
68. 巧妙的氣保健法	藤平墨子著	180 元
69. 治癒 C 型肝炎	熊田博光著	180 元
70. 肝臟病預防與治療	劉名揚編著	180 元
71. 腰痛平衡療法	荒井政信著	180 元
72. 根治多汗症、狐臭	稻葉益巳著	220 元
73. 40 歲以後的骨質疏鬆症	沈永嘉譯	180 元
74. 認識中藥	松下一成著	180 元
75. 認識氣的科學	佐佐木茂美著	180 元
76. 我戰勝了癌症	安田伸著	180 元
77. 斑點是身心的危險信號	中野進著	180 元
78. 艾波拉病毒大震撼	玉川重德著	180 元
79. 重新還我黑髮	桑名隆一郎著	180 元
80. 身體節律與健康	林博史著	180 元
81. 生薑治萬病	石原結實著	180 元
82. 靈芝治百病	陳瑞東著	180 元
83. 木炭驚人的威力	大槻彰著	200 元
84. 認識活性氧	井土貴司著	180 元
85. 深海鮫治百病	廖玉山編著	180 元
86. 神奇的蜂王乳	井上丹治著	180 元
87. 卡拉 OK 健腦法	東潔著	180 元
88. 卡拉 OK 健康法	福田伴男著	180 元
89. 醫藥與生活(二)	鄭炳全著	200 元
90. 洋蔥治百病	宮尾興平著	180 元
91. 年輕 10 歲快步健康法	石塚忠雄著	180 元
92. 石榴的驚人神效	岡本順子著	180 元
93. 飲料健康法	白鳥早奈英著	180 元
94. 健康棒體操	劉名揚編譯	180 元
95. 催眠健康法	蕭京凌編著	180 元
96. 鬱金（美王）治百病	水野修一著	180 元
97. 醫藥與生活(三)	鄭炳全著	200 元

・實用女性學講座・大展編號 19

1.	解讀女性內心世界	島田一男著	150 元
2.	塑造成熟的女性	島田一男著	150 元
3.	女性整體裝扮學	黃靜香編著	180 元
4.	女性應對禮儀	黃靜香編著	180 元
5.	女性婚前必修	小野十傳著	200 元
6.	徹底瞭解女人	田口二州著	180 元
7.	拆穿女性謊言 88 招	島田一男著	200 元
8.	解讀女人心	島田一男著	200 元
9.	俘獲女性絕招	志賀貢著	200 元
10.	愛情的壓力解套	中村理英子著	200 元
11.	妳是人見人愛的女孩	廖松濤編著	200 元

・校園系列・大展編號 20

1.	讀書集中術	多湖輝著	180 元
2.	應考的訣竅	多湖輝著	150 元
3.	輕鬆讀書贏得聯考	多湖輝著	180 元
4.	讀書記憶秘訣	多湖輝著	180 元
5.	視力恢復！超速讀術	江錦雲譯	180 元
6.	讀書 36 計	黃柏松編著	180 元
7.	驚人的速讀術	鐘文訓編著	170 元
8.	學生課業輔導良方	多湖輝著	180 元
9.	超速讀超記憶法	廖松濤編著	180 元
10.	速算解題技巧	宋釗宜編著	200 元
11.	看圖學英文	陳炳崑編著	200 元
12.	讓孩子最喜歡數學	沈永嘉譯	180 元
13.	催眠記憶術	林碧清譯	180 元
14.	催眠速讀術	林碧清譯	180 元
15.	數學式思考學習法	劉淑錦譯	200 元
16.	考試憑要領	劉孝暉著	180 元
17.	事半功倍讀書法	王毅希著	200 元
18.	超金榜題名術	陳蒼杰譯	200 元
19.	靈活記憶術	林耀慶編著	180 元
20.	數學增強要領	江修楨編著	180 元

・實用心理學講座・大展編號 21

1.	拆穿欺騙伎倆	多湖輝著	140 元
2.	創造好構想	多湖輝著	140 元
3.	面對面心理術	多湖輝著	160 元
4.	偽裝心理術	多湖輝著	140 元

5. 透視人性弱點	多湖輝著	180 元
6. 自我表現術	多湖輝著	180 元
7. 不可思議的人性心理	多湖輝著	180 元
8. 催眠術入門	多湖輝著	150 元
9. 責罵部屬的藝術	多湖輝著	150 元
10. 精神力	多湖輝著	150 元
11. 厚黑說服術	多湖輝著	150 元
12. 集中力	多湖輝著	150 元
13. 構想力	多湖輝著	150 元
14. 深層心理術	多湖輝著	160 元
15. 深層語言術	多湖輝著	160 元
16. 深層說服術	多湖輝著	180 元
17. 掌握潛在心理	多湖輝著	160 元
18. 洞悉心理陷阱	多湖輝著	180 元
19. 解讀金錢心理	多湖輝著	180 元
20. 拆穿語言圈套	多湖輝著	180 元
21. 語言的內心玄機	多湖輝著	180 元
22. 積極力	多湖輝著	180 元

・超現實心靈講座・大展編號 22

1. 超意識覺醒法	詹蔚芬編譯	130 元
2. 護摩秘法與人生	劉名揚編譯	130 元
3. 秘法！超級仙術入門	陸明譯	150 元
4. 給地球人的訊息	柯素娥編著	150 元
5. 密教的神通力	劉名揚編著	130 元
6. 神秘奇妙的世界	平川陽一著	200 元
7. 地球文明的超革命	吳秋嬌譯	200 元
8. 力量石的秘密	吳秋嬌譯	180 元
9. 超能力的靈異世界	馬小莉譯	200 元
10. 逃離地球毀滅的命運	吳秋嬌譯	200 元
11. 宇宙與地球終結之謎	南山宏著	200 元
12. 驚世奇功揭秘	傅起鳳著	200 元
13. 啟發身心潛力心象訓練法	栗田昌裕著	180 元
14. 仙道術遁甲法	高藤聰一郎著	220 元
15. 神通力的秘密	中岡俊哉著	180 元
16. 仙人成仙術	高藤聰一郎著	200 元
17. 仙道符咒氣功法	高藤聰一郎著	220 元
18. 仙道風水術尋龍法	高藤聰一郎著	200 元
19. 仙道奇蹟超幻像	高藤聰一郎著	200 元
20. 仙道鍊金術房中法	高藤聰一郎著	200 元
21. 奇蹟超醫療治癒難病	深野一幸著	220 元
22. 揭開月球的神秘力量	超科學研究會	180 元
23. 西藏密教奧義	高藤聰一郎著	250 元

24. 改變你的夢術入門　高藤聰一郎著　250 元
25. 21 世紀拯救地球超技術　深野一幸著　250 元

·養生保健·大展編號 23

1. 醫療養生氣功　黃孝寬著　250 元
2. 中國氣功圖譜　余功保著　250 元
3. 少林醫療氣功精粹　井玉蘭著　250 元
4. 龍形實用氣功　吳大才等著　220 元
5. 魚戲增視強身氣功　宮　嬰著　220 元
6. 嚴新氣功　前新培金著　250 元
7. 道家玄牝氣功　張　章著　200 元
8. 仙家秘傳袪病功　李遠國著　160 元
9. 少林十大健身功　秦慶豐著　180 元
10. 中國自控氣功　張明武著　250 元
11. 醫療防癌氣功　黃孝寬著　250 元
12. 醫療強身氣功　黃孝寬著　250 元
13. 醫療點穴氣功　黃孝寬著　250 元
14. 中國八卦如意功　趙維漢著　180 元
15. 正宗馬禮堂養氣功　馬禮堂著　420 元
16. 秘傳道家筋經內丹功　王慶餘著　300 元
17. 三元開慧功　辛桂林著　250 元
18. 防癌治癌新氣功　郭　林著　180 元
19. 禪定與佛家氣功修煉　劉天君著　200 元
20. 顛倒之術　梅自強著　360 元
21. 簡明氣功辭典　吳家駿編　360 元
22. 八卦三合功　張全亮著　230 元
23. 朱砂掌健身養生功　楊永著　250 元
24. 抗老功　陳九鶴著　230 元
25. 意氣按穴排濁自療法　黃啟運編著　250 元
26. 陳式太極拳養生功　陳正雷著　200 元
27. 健身祛病小功法　王培生著　200 元
28. 張式太極混元功　張春銘著　250 元
29. 中國璇密功　羅琴編著　250 元
30. 中國少林禪密功　齊飛龍著　200 元
31. 郭林新氣功　郭林新氣功研究所　400 元
32. 太極八卦之源與健身養生　鄭志鴻等著　280 元

·社會人智囊·大展編號 24

1. 糾紛談判術　清水增三著　160 元
2. 創造關鍵術　淺野八郎著　150 元
3. 觀人術　淺野八郎著　200 元

4. 應急詭辯術　廖英迪編著　160 元
5. 天才家學習術　木原武一著　160 元
6. 貓型狗式鑑人術　淺野八郎著　180 元
7. 逆轉運掌握術　淺野八郎著　180 元
8. 人際圓融術　澀谷昌三著　160 元
9. 解讀人心術　淺野八郎著　180 元
10. 與上司水乳交融術　秋元隆司著　180 元
11. 男女心態定律　小田晉著　180 元
12. 幽默說話術　林振輝編著　200 元
13. 人能信賴幾分　淺野八郎著　180 元
14. 我一定能成功　李玉瓊譯　180 元
15. 獻給青年的嘉言　陳蒼杰譯　180 元
16. 知人、知面、知其心　林振輝編著　180 元
17. 塑造堅強的個性　坂上肇著　180 元
18. 為自己而活　佐藤綾子著　180 元
19. 未來十年與愉快生活有約　船井幸雄著　180 元
20. 超級銷售話術　杜秀卿譯　180 元
21. 感性培育術　黃靜香編著　180 元
22. 公司新鮮人的禮儀規範　蔡媛惠譯　180 元
23. 傑出職員鍛鍊術　佐佐木正著　180 元
24. 面談獲勝戰略　李芳黛譯　180 元
25. 金玉良言撼人心　森純大著　180 元
26. 男女幽默趣典　劉華亭編著　180 元
27. 機智說話術　劉華亭編著　180 元
28. 心理諮商室　柯素娥譯　180 元
29. 如何在公司崢嶸頭角　佐佐木正著　180 元
30. 機智應對術　李玉瓊編著　200 元
31. 克服低潮良方　坂野雄二著　180 元
32. 智慧型說話技巧　沈永嘉編著　180 元
33. 記憶力、集中力增進術　廖松濤編著　180 元
34. 女職員培育術　林慶旺編著　180 元
35. 自我介紹與社交禮儀　柯素娥編著　180 元
36. 積極生活創幸福　田中真澄著　180 元
37. 妙點子超構想　多湖輝著　180 元
38. 說 NO 的技巧　廖玉山編著　180 元
39. 一流說服力　李玉瓊編著　180 元
40. 般若心經成功哲學　陳鴻蘭編著　180 元
41. 訪問推銷術　黃靜香編著　180 元
42. 男性成功秘訣　陳蒼杰編著　180 元
43. 笑容、人際智商　宮川澄子著　180 元
44. 多湖輝的構想工作室　多湖輝著　200 元
45. 名人名語啟示錄　喬家楓著　180 元
46. 口才必勝術　黃柏松編著　220 元
47. 能言善道的說話秘訣　章智冠編著　180 元

48. 改變人心成為贏家　多湖輝著　200元
49. 說服的ＩＱ　沈永嘉譯　200元
50. 提升腦力超速讀術　齊藤英治著　200元
51. 操控對手百戰百勝　多湖輝著　200元
52. 面試成功戰略　柯素娥編著　200元
53. 摸透男人心　劉華亭編著　180元
54. 撼動人心優勢口才　龔伯牧編著　180元
55. 如何使對方說 yes　程　羲編著　200元
56. 小道理・美好生活　林政峰編著　180元
57. 拿破崙智慧箴言　柯素娥編著　200元
58. 解開第六感之謎　匠英一編著　200元
59. 讀心術入門　王嘉成編著　180元
60. 這趟人生怎麼走　李亦盛編著　200元
61. 這趟人生樂逍遙　李亦盛編著　元

・精 選 系 列・大展編號 25

1. 毛澤東與鄧小平　渡邊利夫等著　280元
2. 中國大崩裂　江戶介雄著　180元
3. 台灣・亞洲奇蹟　上村幸治著　220元
4. 7-ELEVEN 高盈收策略　國友隆一著　180元
5. 台灣獨立（新・中國日本戰爭一）　森詠著　200元
6. 迷失中國的末路　江戶雄介著　220元
7. 2000 年 5 月全世界毀滅　紫藤甲子男著　180元
8. 失去鄧小平的中國　小島朋之著　220元
9. 世界史爭議性異人傳　桐生操著　200元
10. 淨化心靈享人生　松濤弘道著　220元
11. 人生心情診斷　賴藤和寬著　220元
12. 中美大決戰　檜山良昭著　220元
13. 黃昏帝國美國　莊雯琳譯　220元
14. 兩岸衝突（新・中國日本戰爭二）　森詠著　220元
15. 封鎖台灣（新・中國日本戰爭三）　森詠著　220元
16. 中國分裂（新・中國日本戰爭四）　森詠著　220元
17. 由女變男的我　虎井正衛著　200元
18. 佛學的安心立命　松濤弘道著　220元
19. 世界喪禮大觀　松濤弘道著　280元
20. 中國內戰（新・中國日本戰爭五）　森詠著　220元
21. 台灣內亂（新・中國日本戰爭六）　森詠著　220元
22. 琉球戰爭 ①（新・中國日本戰爭七）　森詠著　220元
23. 琉球戰爭 ②（新・中國日本戰爭八）　森詠著　220元
24. 台海戰爭（新・中國日本戰爭九）　森詠著　220元
25. 美中開戰（新・中國日本戰爭十）　森詠著　220元

・運動遊戲・大展編號 26

1. 雙人運動　李玉瓊譯　160 元
2. 愉快的跳繩運動　廖玉山譯　180 元
3. 運動會項目精選　王佑京譯　150 元
4. 肋木運動　廖玉山譯　150 元
5. 測力運動　王佑宗譯　150 元
6. 游泳入門　唐桂萍編著　200 元
7. 帆板衝浪　王勝利譯　300 元
8. 蛙泳七日通　溫仲華編著　180 元

・休閒娛樂・大展編號 27

1. 海水魚飼養法　田中智浩著　300 元
2. 金魚飼養法　曾雪玫譯　250 元
3. 熱門海水魚　毛利匡明著　480 元
4. 愛犬的教養與訓練　池田好雄著　250 元
5. 狗教養與疾病　杉浦哲著　220 元
6. 小動物養育技巧　三上昇著　300 元
7. 水草選擇、培育、消遣　安齊裕司著　300 元
8. 四季釣魚法　釣朋會著　200 元
9. 簡易釣魚入門　張果馨譯　200 元
10. 防波堤釣入門　張果馨譯　220 元
11. 透析愛犬習性　沈永嘉譯　200 元
20. 園藝植物管理　船越亮二著　220 元
21. 實用家庭菜園ＤＩＹ　孔翔儀著　200 元
30. 汽車急救ＤＩＹ　陳瑞雄編著　200 元
31. 巴士旅行遊戲　陳羲編著　180 元
32. 測驗你的ＩＱ　蕭京凌編著　180 元
33. 益智數字遊戲　廖玉山編著　180 元
40. 撲克牌遊戲與贏牌秘訣　林振輝編著　180 元
41. 撲克牌魔術、算命、遊戲　林振輝編著　180 元
42. 撲克占卜入門　王家成編著　180 元
50. 兩性幽默　幽默選集編輯組　180 元
51. 異色幽默　幽默選集編輯組　180 元
52. 幽默魔法鏡　玄虛叟編著　180 元
53. 幽默樂透站　玄虛叟編著　180 元
70. 亞洲真實恐怖事件　楊鴻儒譯　200 元

・銀髮族智慧學・大展編號 28

1. 銀髮六十樂逍遙　多湖輝著　170 元
2. 人生六十反年輕　多湖輝著　170 元

3. 六十歲的決斷	多湖輝著	170 元
4. 銀髮族健身指南	孫瑞台編著	250 元
5. 退休後的夫妻健康生活	施聖茹譯	200 元

・飲食保健・大展編號 29

1. 自己製作健康茶	大海淳著	220 元
2. 好吃、具藥效茶料理	德永睦子著	220 元
3. 改善慢性病健康藥草茶	吳秋嬌譯	200 元
4. 藥酒與健康果菜汁	成玉編著	250 元
5. 家庭保健養生湯	馬汴梁編著	220 元
6. 降低膽固醇的飲食	早川和志著	200 元
7. 女性癌症的飲食	女子營養大學	280 元
8. 痛風者的飲食	女子營養大學	280 元
9. 貧血者的飲食	女子營養大學	280 元
10. 高脂血症者的飲食	女子營養大學	280 元
11. 男性癌症的飲食	女子營養大學	280 元
12. 過敏者的飲食	女子營養大學	280 元
13. 心臟病的飲食	女子營養大學	280 元
14. 滋陰壯陽的飲食	王增著	220 元
15. 胃、十二指腸潰瘍的飲食	勝健一等著	280 元
16. 肥胖者的飲食	雨宮禎子等著	280 元
17. 癌症有效的飲食	河內卓等著	300 元
18. 糖尿病有效的飲食	山田信博等著	300 元
19. 骨質疏鬆症有效的飲食	板橋明等著	300 元
20. 高血壓有效的飲食	大內尉義著	300 元

・家庭醫學保健・大展編號 30

1. 女性醫學大全	雨森良彥著	380 元
2. 初為人父育兒寶典	小瀧周曹著	220 元
3. 性活力強健法	相建華著	220 元
4. 30 歲以上的懷孕與生產	李芳黛編著	220 元
5. 舒適的女性更年期	野末悅子著	200 元
6. 夫妻前戲的技巧	笠井寬司著	200 元
7. 病理足穴按摩	金慧明著	220 元
8. 爸爸的更年期	河野孝旺著	200 元
9. 橡皮帶健康法	山田晶著	180 元
10. 三十三天健美減肥	相建華等著	180 元
11. 男性健美入門	孫玉祿編著	180 元
12. 強化肝臟秘訣	主婦之友社編	200 元
13. 了解藥物副作用	張果馨譯	200 元
14. 女性醫學小百科	松山榮吉著	200 元

15. 左轉健康法	龜田修等著	200 元
16. 實用天然藥物	鄭炳全編著	260 元
17. 神秘無痛平衡療法	林宗駛著	180 元
18. 膝蓋健康法	張果馨譯	180 元
19. 針灸治百病	葛書翰著	250 元
20. 異位性皮膚炎治癒法	吳秋嬌譯	220 元
21. 禿髮白髮預防與治療	陳炳崑編著	180 元
22. 埃及皇宮菜健康法	飯森薰著	200 元
23. 肝臟病安心治療	上野幸久著	220 元
24. 耳穴治百病	陳抗美等著	250 元
25. 高效果指壓法	五十嵐康彥著	200 元
26. 瘦水、胖水	鈴木園子著	200 元
27. 手針新療法	朱振華著	200 元
28. 香港腳預防與治療	劉小惠譯	250 元
29. 智慧飲食吃出健康	柯富陽編著	200 元
30. 牙齒保健法	廖玉山編著	200 元
31. 恢復元氣養生食	張果馨譯	200 元
32. 特效推拿按摩術	李玉田著	200 元
33. 一週一次健康法	若狹真著	200 元
34. 家常科學膳食	大塚滋著	220 元
35. 夫妻們閱讀的男性不孕	原利夫著	220 元
36. 自我瘦身美容	馬野詠子著	200 元
37. 魔法姿勢益健康	五十嵐康彥著	200 元
38. 眼病錘療法	馬栩周著	200 元
39. 預防骨質疏鬆症	藤田拓男著	200 元
40. 骨質增生效驗方	李吉茂編著	250 元
41. 蕺菜健康法	小林正夫著	200 元
42. 赧於啟齒的男性煩惱	增田豐著	220 元
43. 簡易自我健康檢查	稻葉允著	250 元
44. 實用花草健康法	友田純子著	200 元
45. 神奇的手掌療法	日比野喬著	230 元
46. 家庭式三大穴道療法	刑部忠和著	200 元
47. 子宮癌、卵巢癌	岡島弘幸著	220 元
48. 糖尿病機能性食品	劉雪卿編著	220 元
49. 奇蹟活現經脈美容法	林振輝編譯	200 元
50. Super SEX	秋好憲一著	220 元
51. 了解避孕丸	林玉佩譯	200 元
52. 有趣的遺傳學	蕭京凌編著	200 元
53. 強身健腦手指運動	羅群等著	250 元
54. 小周天健康法	莊雯琳譯	200 元
55. 中西醫結合醫療	陳蒼杰譯	200 元
56. 沐浴健康法	楊鴻儒譯	200 元
57. 節食瘦身秘訣	張芷欣編著	200 元
58. 酵素健康法	楊皓譯	200 元

59. 一天 10 分鐘健康太極拳　劉小惠譯　250 元
60. 中老年人疲勞消除法　五味雅吉著　220 元
61. 與齲齒訣別　楊鴻儒譯　220 元
62. 禪宗自然養生法　費德漢編著　200 元
63. 女性切身醫學　編輯群編　200 元
64. 乳癌發現與治療　黃靜香編著　200 元
65. 做媽媽之前的孕婦日記　林慈姮編著　180 元
66. 從誕生到一歲的嬰兒日記　林慈姮編著　180 元
67. 6個月輕鬆增高　江秀珍譯　200 元
68. 一輩子年輕開心　編輯群編　200 元
69. 怎可盲目減肥　編輯群編　200 元
70. 『腳』萬病之源　阿部幼子著　200 元
71. 睡眠健康養生法　編輯群編著　200元
72. 水中漫步健康法　野村武男著　220元

・超經營新智慧・大展編號 31

1. 躍動的國家越南　林雅倩譯　250 元
2. 甦醒的小龍菲律賓　林雅倩譯　220 元
3. 中國的危機與商機　中江要介著　250 元
4. 在印度的成功智慧　山內利男著　220 元
5. 7-ELEVEN 大革命　村上豐道著　200 元
6. 業務員成功秘方　呂育清編著　200 元
7. 在亞洲成功的智慧　鈴木讓二著　220 元
8. 圖解活用經營管理　山際有文著　220 元
9. 速效行銷學　江尻弘著　220 元
10. 猶太成功商法　周蓮芬編著　200 元
11. 工廠管理新手法　黃柏松編著　220 元
12. 成功隨時掌握在凡人手上　竹村健一著　220 元
13. 服務・所以成功　中谷彰宏著　200 元
14. 輕鬆賺錢高手　增田俊男著　220 元

・理財、投資・大展編號 312

1. 突破股市瓶頸　黃國洲著（特價）199 元
2. 投資眾生相　黃國洲著　220 元

・親子系列・大展編號 32

1. 如何使孩子出人頭地　多湖輝著　200 元
2. 心靈啟蒙教育　多湖輝著　280 元
3. 如何使孩子數學滿分　林明嬋編著　180 元
4. 終身受用的學習秘訣　李芳黛譯　200 元

5. 數學疑問破解　陳蒼杰譯　200 元
6. 孩子運動傷害的預防與治療　松井達野著

・雅致系列・大展編號 33

1. 健康食譜春冬篇　丸元淑生著　200 元
2. 健康食譜夏秋篇　丸元淑生著　200 元
3. 純正家庭料理　陳建民等著　200 元
4. 家庭四川料理　陳建民著　200 元
5. 醫食同源健康美食　郭長聚著　200 元
6. 家族健康食譜　東畑朝子著　200 元

・美術系列・大展編號 34

1. 可愛插畫集　鉛筆等著　220 元
2. 人物插畫集　鉛筆等著　180 元

・勞作系列・大展編號 35

1. 活動玩具ＤＩＹ　李芳黛譯　230 元
2. 組合玩具ＤＩＹ　李芳黛譯　230 元
3. 花草遊戲ＤＩＹ　張果馨譯　250 元

・元氣系列・大展編號 36

1. 神奇大麥嫩葉「綠效末」　山田耕路著　200 元
2. 高麗菜發酵精的功效　大澤俊彥著　200 元

・心 靈 雅 集・大展編號 00

1. 禪言佛語看人生　松濤弘道著　180 元
2. 禪密教的奧秘　葉逯謙譯　120 元
3. 觀音大法力　田口日勝著　120 元
4. 觀音法力的大功德　田口日勝著　120 元
5. 達摩禪 106 智慧　劉華亭編譯　220 元
6. 有趣的佛教研究　葉逯謙編譯　170 元
7. 夢的開運法　蕭京凌譯　180 元
8. 禪學智慧　柯素娥編譯　130 元
9. 女性佛教入門　許俐萍譯　110 元
10. 佛像小百科　心靈雅集編譯組　130 元
11. 佛教小百科趣談　心靈雅集編譯組　120 元
12. 佛教小百科漫談　心靈雅集編譯組　150 元

國家圖書館出版品預行編目資料

太極拳論譚 / 沈　濤編著. －初版
－臺北市：大展　，民 87
267 面　；21 公分　－（武術特輯；21）
ISBN 957-557-887-2（平裝）
1. 太極拳
528.972　　　87014363

行政院新聞局局版臺陸字第 100984 號核准
北京人民體育出版社授權中文繁體字版

太極拳論譚　ISBN 957-557-887-2

編 著 者 / 沈　濤
發 行 人 / 蔡 森 明
出 版 者 / 大展出版社有限公司
社　　址 / 台北市北投區（石牌）致遠一路 2 段 12 巷 1 號
電　　話 /（02）28236031・28236033・28233123
傳　　真 /（02）28272069
郵政劃撥 / 01669551
E－mail / dah-jaan@ms9.tisnet.net.tw
登 記 證 / 局版臺業字第 2171 號
承 印 者 / 高星企業有限公司
裝　　訂 / 日新裝訂所
排 版 者 / 弘益電腦排版有限公司
初　　刷 / 1998 年（民 87 年）12 月
初版 1 刷 / 1999 年（民 88 年）2 月
初版 2 刷 / 2002 年（民 91 年）2 月

定價 / 250 元

大展好書 好書大展

大展好書 好書大展